人生は、「本当にやりたいこと」だけやれば、必ずうまくいく

メンタルトレーナー
久瑠あさ美

GENTOSHA
幻冬舎

人生は、「本当にやりたいこと」だけやれば、必ずうまくいく

はじめに

あなたの人生は変わる

あなたは、今の自分に満足していますか？

日々、「在りたい自分」に近づけていますか？

もしもあなたが、自分の人生はこれくらいのものだと諦《あきら》めかけているとしたら、それは非常にもったいないことです。

あなたが今、これが自分の実力だと思っているチカラは、あなたが持つ本来のチカラのほんの一部にしかすぎません。あなたの心の中には、まだ気づいていない「潜在意識」と呼ばれる部分が全体の約90パーセント以上もあるのです。

あなたの限界を決めているのは他でもない、あなた自身の「心」です。

人生は、上手くいくときばかりではありません。順調なときもあれば不調なときもあります。必ず波があり、躓《つまず》きや逆境、挫折が必ず訪れます。

そんなとき、「自分はダメだ」「何をやっても上手くいかない」と自分を責めたり、否定したりしがちです。けれど、上手くいかないのは、あなたに能力がないからではなく、あなたが本来持っている能力、つまり潜在意識の生かし方を知らないだけなのです。


ほんの小さなきっかけと気づきさえあれば、人生は驚くほど変わります。

特別な人だけが身につけられる難しい方法などではなく、誰もが自らの人生を、自分らしく充実させて生きるための簡単な方法があります。

それは、自分の潜在意識の中に眠っている「本当にやりたいこと」を掘り起こすことです。それができれば、あなたの人生は一瞬にして変わるのです。

本書では、人間の持つ潜在意識という無限の可能性を最大限に引き出すメンタルトレーニングを、53のレッスンにしてお伝えしていきます。

メンタルトレーニングの進め方

私は日々、メンタルトレーニングを通して、多くのクライエント（来談者）の「心」と向き合い続けています。トレーニングでは一人ひとり違う「心」そのものに触れ、それぞれの思い描く「在りたい自分」を創り出していきます。メンタルトレーニングによって、もともとの性格を変えるのではなく、すでに在る「心」の性能を上げていくのです。

私のクライエントには、野球やゴルフ、サッカー、テニス、競輪、競馬など様々なジャンルで活躍するスポーツ選手もいます。

一流のスポーツ選手は日々、試合において最高のパフォーマンスを発揮するため、肉体のトレーニングや練習を欠かさず行っています。それとともに、なぜメンタルトレーニングを活用するのかといえば、ぎりぎり最後のところで勝ち負けを分けるのは、技術や体力だけではなく、メンタルの力なのだということを、何より実践で体験して知っているからです。

あなたも彼らと同じように、「心」のチカラを鍛え上げることで、人生のパフォーマンスを格段に引き上げることができます。

私のトレーニングは1回60〜120分、一対一で行います。

初回はいくつかのメンタルチェックテストを行い、クライエントの「心」のタイプを多角的に捉《とら》えます。テストをすることで、自らの「心」を立体的に意識してもらうのです。それはあたかも三面鏡の前に立つように、立体的に「心」を映し出すイメージです。

その後のトレーニングには、基本的に4つのステップがあります。

第1のステップでは、「心」の奥底にある「こうしたい」「こうなりたい」という素直な欲求を意識化します。これを私は"want"（ウォント）と呼んでいます。"want"に従い、"want"の実現へ向かって無心で取り組んでいると、たとえ困難があったとしても人生は楽しく、充実したものになります。

ところが、私たちは気づかないうちに、「こうしなければならない」「こうあるべきだ」といった義務感や世間の常識などで自分の"want"を縛ったり、抑えつけたりしています。こうした"want"を縛ったり抑えつけたりしている制約を"have to"（ハフ・ツー）と呼びます。

"have to"が強くなると、やる気が出なくなったり、本来の実力を発揮できなかったり、人生がなんだかつまらないものに感じられたりします。

こうした"have to"から逃れるひとつの方法は、今の自分を自分自身がそのまま受け入れることです。ミスや失敗も多いけど、いろいろ頑張っている自分を褒めてあげるのです。自分を肯定し、自分を信じることができれば、他人とも上手く付き合えるようになります。対人関係に自信がもて、自分の未来に希望を抱《いだ》くことができるようにもなるでしょう。

第2のステップでは、"want"にもとづいて夢や目標を描いていきます。その際に欠かせないのが「素敵な勘違い」です。

「こんな自分になりたい」「こんな人生を送りたい」といった欲求を膨らませた未来を自由にイメージしてみるのです。過去を振り返ったり周りの人の評価を気にしたりして「自分にできるだろうか」「こんなことで大丈夫だろうか」などと思う必要はありません。未来はまだ誰にも訪れておらず、先に信じた者が勝ちです。

「素敵な勘違い」は、"want"をさらに活性化します。"want"の原動力によって、内側からどんどんエネルギーが生まれてきます。それは潜在意識に在る「自己発電装置」が作動するからです。自然に体が動き出し、自分の夢や目標にチャレンジするようになるのです。

第3のステップでは、心の囚《とら》われを解きほぐしていきます。

私たちの心はいろいろなものに囚われ、身動きができなくなっていることがよくあります。過去の失敗や挫折の記憶、周りから刷り込まれた自己イメージ、ときには成功体験さえ囚われの原因になることがあります。

こうした囚われをひとつずつ解きほぐし、「心の次元」を上げることで、自分の人生を自らの選択と決断で生きられるようになります。

さらに第4のステップでは、自分の"want"をもっと自己から外に拡げ、周りの人の"want"や勤める会社のビジョンなどと重ね合わせるようにします。

それにより、あなたの"want"の次元はさらに引き上げられ、社会的に意義のある夢や目標を生みだします。その夢や目標によって、周りの人や会社などとwin-winの関係を築き上げていくことができるようになります。

メンタルトレーニングで得られるもの

自らの幸せを願うことは素敵なことです。

けれども、その「幸せのカタチ」はあなたの内側から生まれた"want"でしょうか？

その価値基準はあなたにありますか？

学歴や就職、結婚など世間や他人が言う「幸せのカタチ」が自分に備わっていないと、不幸だと感じてしまうことがよくあります。

しかし、他人と自分の比較は無意味です。

メンタルトレーニングを行うと、自分にとっての価値観や選択基準がはっきりし、自分を卑下したり誰かを羨《うらや》んだりすることがなくなります。

幸せは人生の大きなテーマではありますが、それを手に入れる方法もプロセスも、人によって違ってよいのです。大切なのは自分にとっての「幸せのカタチ」を自分で思い描き、その未来像を自分で現実のものにしていくことです。

私はどんな人生にも失敗はないと考えています。99回失敗が続いても100回目に成功するなら、それまでのことはひとつひとつ積み上げた成果といえます。明日の成功を信じるなら、今日やることはすべて成功への準備なのです。

人生の価値を決めるのは、目に見える物やお金でも、耳に聞こえる名声や地位でもありません。最後に頼れるのは、自分の内側にある「心」です。

人生の荒波を乗り越えていくには、自分のおかれた状況を嘆くのではなく、その状況に向き合う自分の「心」をどう変えていくかを考えなければなりません。「心」が何を感じ、どう反応するのか。人生は選択と決断の連続であり、だからこそ「心」が大切なのです。

究極的には、人生と向き合う「心の在り方」が、人生の価値を決めるのです。

セルフトレーニングのために

本書は、私が実践しているメンタルトレーニングのエッセンスを、先ほど述べた4つのステップに沿って、分かりやすくまとめたものです。

この1冊をマスターすれば、あなたは自分の夢の実現へ向けて走りだすことができます。「心」は一人ひとり違うものであり、その心を操縦できるのはあなただけです。メンタルトレーニングとは、人間誰しもが持つ普遍的な心の法則を知り、あなたの人生に豊かな実りをもたらす「人間力」を高めていくものにほかなりません。人間の「心」には無限の可能性が秘められています。メンタルトレーニングによってあなたの内側にある「心」への関心と理解を深め、在りのままの自分の「心」と向き合うことで、今以上の自分と出逢えるのです。

本書を手にとったあなたは、「自信をつけたい」「自分の人生を変えたい」という思いを、心のどこかでいつも感じているはずです。そうであれば、あなたは変わることができます。

あなたの望む人生をあなたの「心」のチカラで実現していきましょう。

人生は、「本当にやりたいこと」だけやれば、必ずうまくいく◎目次

chapter-2

メンタルタイプを知る

chapter-3

「勘違い」の力

chapter-4

「囚われ」からの解放

chapter-5 夢のかなえ方

構成 古井一匡
カバーデザイン 渡邊民人（TYPEFACE）
本文デザイン 新沼寛子（TYPEFACE）
カバー写真 干川修

chapter-1 「心」の法則

1 無意識の領域にアプローチする。

本章では「心」の基本的な法則について、お話ししたいと思います。
すべての生き物には、遺伝子の働きによって自分の体をつくり、命を保っていく能力が備わっています。
しかし、「心」がこんなに発達し、いろいろ思考を巡らせたり豊かな感情経験をしたりできるのは人間だけです。人間がこうして人間らしく在るのは、「心」の働きにほかなりません。そして、「心」があるばかりに深く傷ついたり、感情の波にのまれてコントロール不能になってしまうこともあります。

心には「顕在意識」という意識の領域と、「潜在意識」という無意識の領域があります。

顕在意識とは私たちが目覚めているとき、様々な精神活動を行っている部分です。五感で刺激を感じたり、ものを考えたり、判断したり、記憶を呼び覚ましたり、言語化したりするのがこの部分です。

潜在意識はこれに対して、自覚のないまま行動に影響を与える、本能的な、心の中の顕在意識以外の部分です。

あなたの心の中の9割以上は無意識の領域である、潜在意識の中に眠っています。

よく「頭では分かっているんだけど、体がなかなか動かない」ということはありませんか。これは顕在意識が指令を出していることに対し、潜在意識が拒否反応を起こしているのです。いわば頭と体、そして心がバラバラな状態なのです。頭で考え、心が納得しないまま無理やり行動しようとしても、なんだかモチベーションが上がらず、結局は動けなくなってしまいます。

心の9割以上を占める無意識の領域にアクセスし、潜在意識の力を利用することで、私たちは今以上の力を発揮できます。たとえば、一流と呼ばれるアスリート、アーティスト、クリエイターは、皆そのチカラを使っています。

「心」における意識と無意識の割合

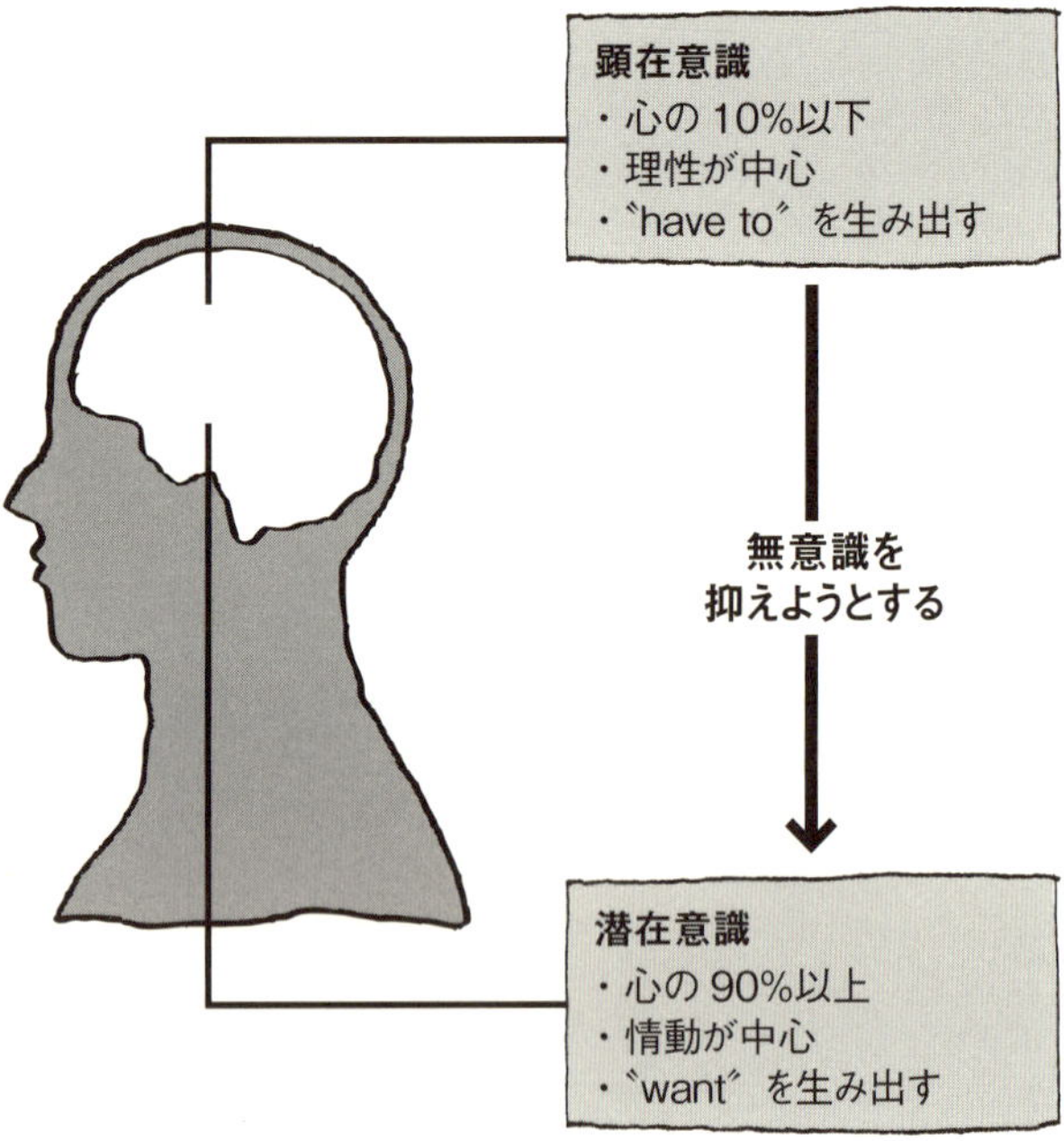

「顕在意識」の制約を取り払う。

五感で物事を認識したり、記憶したり、喜怒哀楽を感じたり、「心」にはいろいろな働きがあります。

同時に「心」は、エネルギーを生み出すことができます。心が生み出すエネルギーが多ければ多いほど、感覚や感情、思考などの活動レベルが上がり、人生を前向きに生きることができます。

しかし、意識の領域だけでエネルギーを生み出していても長続きしません。そのうち燃料が切れてしまうからです。燃料が切れると、精神活動のレベルが低下し、悪くすると、生きる意欲まで失われてしまいます。

そこで大事なのが無意識の領域である潜在意識です。心の中で占める割合は無意識の領域のほうがずっと大きいのですから、潜在意識が動き始めると、もの凄く大きなパワーが生まれます。

たとえば、オリンピックで金メダルをとるようなスポーツ選手は、どんなスランプに陥っても、大怪我などの挫折に見舞われても、決して諦めずに挑戦を続けます。そういった選手たちはそもそも向上心や克己心が強いということもあるでしょうが、それ以上に心の底から「この競技がやりたい」「試合で勝ちたい」という思いが強いのです。

このように**「顕在意識」だけでなく「潜在意識」が活発に働いて、エネルギーがどんどん生み出される仕組みを、私は心の「自己発電装置」**と呼んでいます。自己発電装置が稼働し始めると、自分の内側から自然にエネルギーが湧いてきて、驚くほど何事にも積極的に取り組むことができるようになります。

ところが、多くの人はこの潜在意識の素晴らしいパワーを使っていません。心のたった1割しか占めていない顕在意識だけを、いくら精一杯動かしても、できることは限られています。

目覚ましい成果を上げている人は例外なく、潜在意識のエネルギーを上手に利用しています。

では、どうすればあなたの潜在意識が活発に動き始めるのでしょうか？

それには潜在意識を抑えつけている**顕在意識の制約を取り払い、無意識の領域の奥に隠れてしまった「こうしたい」「こうなりたい」という素直な欲求、すなわち"want"を表舞台に引っ張り出す**のです。

これが久瑠式メンタルトレーニングの原則です。

トレーニングを通して、あなたの無意識の領域に在る、抑圧された"want"を一緒に見つけていきます。それは心の性能を上げる「原核」となるものです。

具体的なやり方については、次節から順を追って説明していきます。

3 心の中の欲求"want"に焦点を当てる。

自分の「心」に耳を澄ましてみると、そこにはいろいろな欲求があることに気づくはずです。

仕事の上では「次のプレゼンを決めたい」とか、プライベートなら「素敵な彼氏（彼女）が欲しい」とか、スポーツをやっている人なら「次の試合でぜひ勝ちたい」といったことです。

人間の欲求は様々なレベルに分けられると提唱したのが、米国の心理学者であるアブラハム・マズローです。

マズローの「欲求段階説」によれば、人間は誰しも生まれながらにして自己実現へと向かって絶えず成長しようとしています。そして、成長の段階に応じて5つの欲求があるというのです。

1番目が生命を維持するための食欲、睡眠欲、性欲など、いわゆる「生理的欲求」です。これはどんな生物にも共通して備わっているものです。

2番目が「安全、安定の欲求」で、危険や不安のない安全な状態に身を置きたいという保護本能です。これも、多くの生物に備わっている欲求といえます。

現代の日本で普通に生活していれば、1番目と2番目の欲求は、ほぼ問題なく満たされているでしょう。

3番目が「所属と愛情の欲求」で、よい人間関係や社会での居場所を確保したいというものです。社会的な動物である人間はこの欲求が非常に強く、これが満たされないと疎外感や孤独感などを感じるようになります。

4番目が「承認の欲求」です。自分自身の価値を周りの人から認められ、評価されたいというものです。これが満たされないと、劣等感や無力感が生まれます。

ここまでは、他者に依存した欠乏欲求です。

次の5番目が「自己実現の欲求」で、自分の持つ能力や可能性を発揮し、自分らしさを具体化したいという欲求です。

なお、この上にさらにもうひとつ、「自己超越」の段階があります。これは他人への奉仕や真理の追究といった「真、善、美」に関わる欲求です。

これらの欲求には階層があり、低次の欲求が充足されると順に高次の欲求へと段階的に移行していきます。

また、欲求は低次から高次への一方通行ではなく、双方向に行き来します。たとえ高いレベルの欲求の段階に到達しても、何かのトラブルで低次の欲求が満たされなくなると、いったんそのレベルの欲求段階に戻ることもあります。

たとえば、自己実現の欲求の段階にある人でも、東日本大震災のような大きな災害に突然見舞われることで、まず1番目または2番目の欲求を満たす行動に走ったりすることもあるのです。

人間の欲求には段階がある

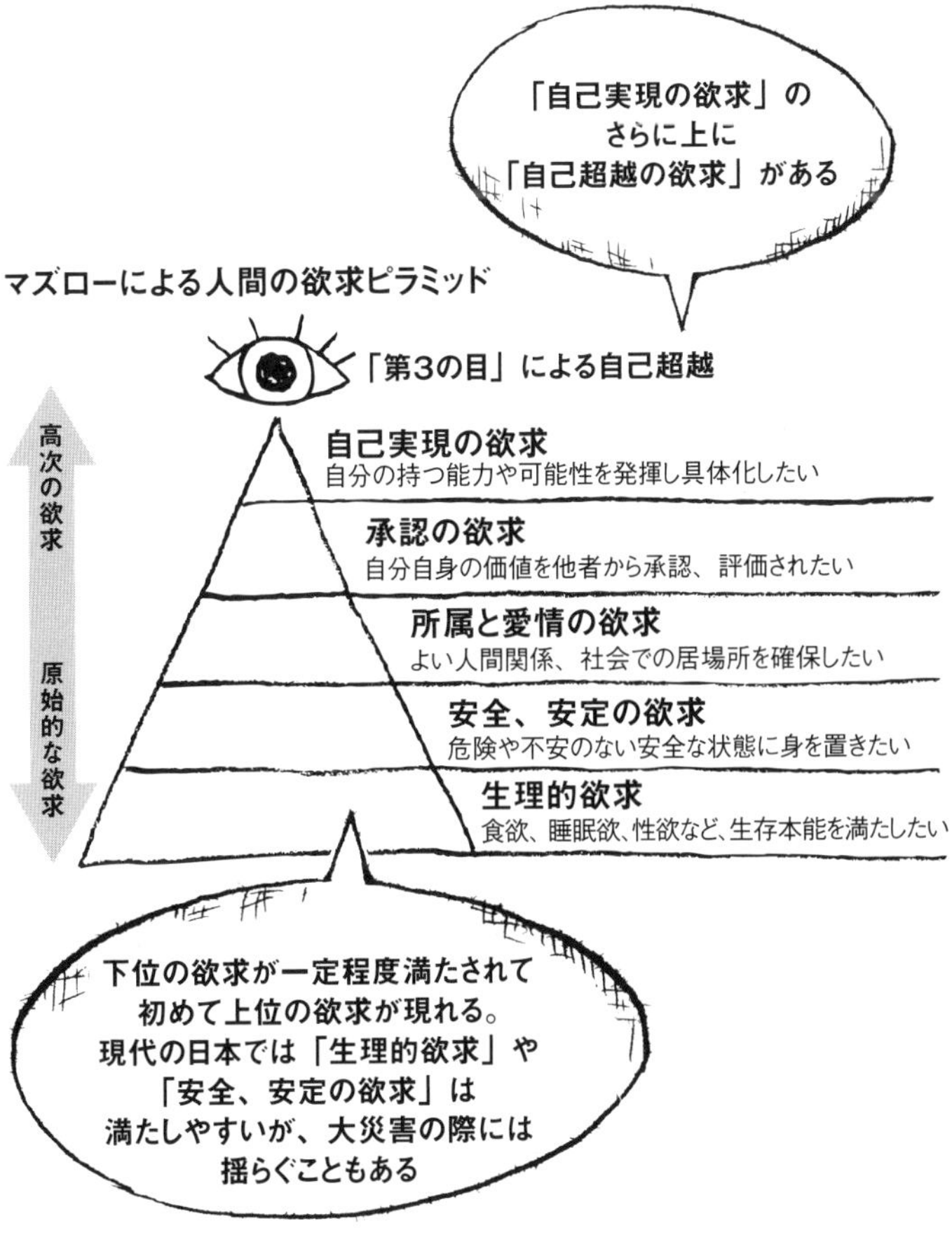
「自己実現の欲求」の
さらに上に
「自己超越の欲求」がある
マズローによる人間の欲求ピラミッド
「第3の目」による自己超越
高次の欲求
原始的な欲求
自己実現の欲求
自分の持つ能力や可能性を発揮し具体化したい
承認の欲求
自分自身の価値を他者から承認、評価されたい
所属と愛情の欲求
よい人間関係、社会での居場所を確保したい
安全、安定の欲求
危険や不安のない安全な状態に身を置きたい
生理的欲求
食欲、睡眠欲、性欲など、生存本能を満たしたい
下位の欲求が一定程度満たされて
初めて上位の欲求が現れる。
現代の日本では「生理的欲求」や
「安全、安定の欲求」は
満たしやすいが、大災害の際には
揺らぐこともある

4

"have to"の束縛から逃れる。

突然の大災害が起こることもありますが、現代の日本は基本的に、"want"を追求し、実現しやすい環境といえるでしょう。

ところが実際には、大人になるにつれて分別がつき、世間の評価や周りの声によって「自分はこの程度の人間だ」と決めつけてしまい、自分の"want"を諦めてしまっている人が大勢います。

いつまでも夢を追いかけて、自分の"want"だけで生きることは、「子供じみている」とか「自己中心的だ」と非難されるということもあるでしょう。

しかし、それ以上に「自分にできるはずがない」「自分の周りではそんなこと考える人なんていない」「親が反対しているから」「友達に笑われないように」といった理由を自分でつくっている人がほとんどなのです。

このように**自分の"want"を妨げるいろいろな制約が"have to"**です。

"have to"は本来、他人や周りの状況から押し付けられたものですが、何度も繰り返し経験すると、無意識のうちに、いつの間にかそれに慣れてしまい、あたかも自分が望んでいることのように思えてきます。こうした"have to"による束縛から、極力逃れなければなりません。

ちなみに、英語で「〜しなければならない」という表現には、"have to"と"must"があります。

一般に"have to"は他人や周りの状況から押し付けられた、義務や責任というニュアンスがあり、"must"は自分から選んだ主観的な義務や責任というニュアンスがあります。そのため、否定形である"do(does) not have to"は「〜しなくてもいい」という意味になり、"must not"は「〜してはならない」という意味になります。

つまり、"have to"は本来の自分の欲求や意志にそぐわない制約であるのに対し、"must"は「家族を幸せにしなければならない」「仕事で成果を上げなければならない」といった、自分から選んだ義務や責任です。それは、外部からの要請ではなく、自らの意志決定で生じた制約です。

〝have to〟と〝must〟の違い

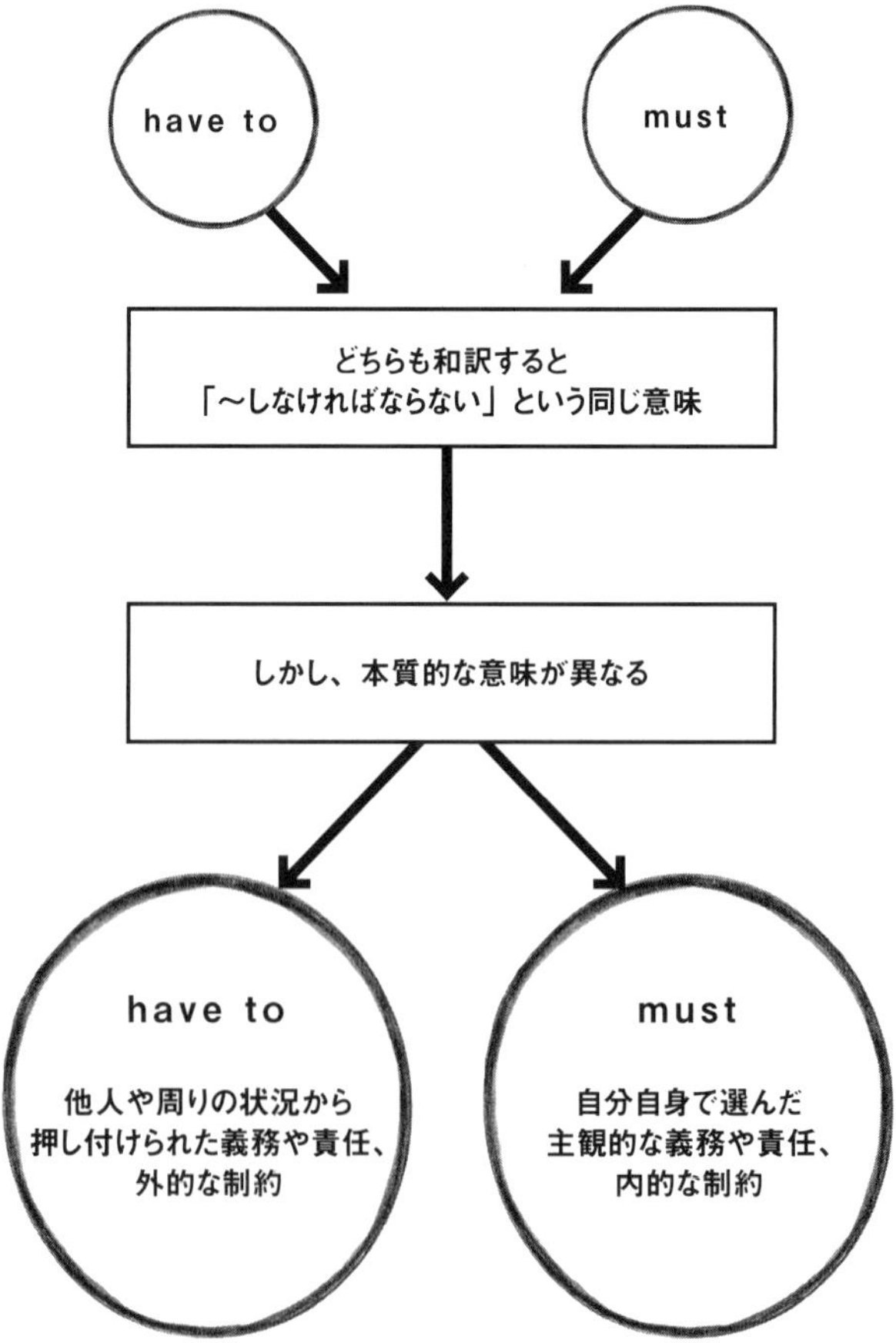

ただ、こうした制約もあまり厳格に貫こうとしすぎると、自分を追い詰めて苦しくなってしまいます。

大切なのは、外部から押し付けられた"have to"と、自ら選んだ"must"を区別した上で、自分の本当の欲求である"want"と"must"のバランスを上手にとることです。

私たち社会生活を営む人間にとって、ある程度の制約は避けて通れません。一定の権利もあれば義務もあるのが社会人です。

ただし、それは自らの選択であると自分で理解しておけば、今自分の目の前にある現実を楽しみながら"want"の実現へ向かって進むことができるはずです。

〝want〟と〝must〟のバランスをとる

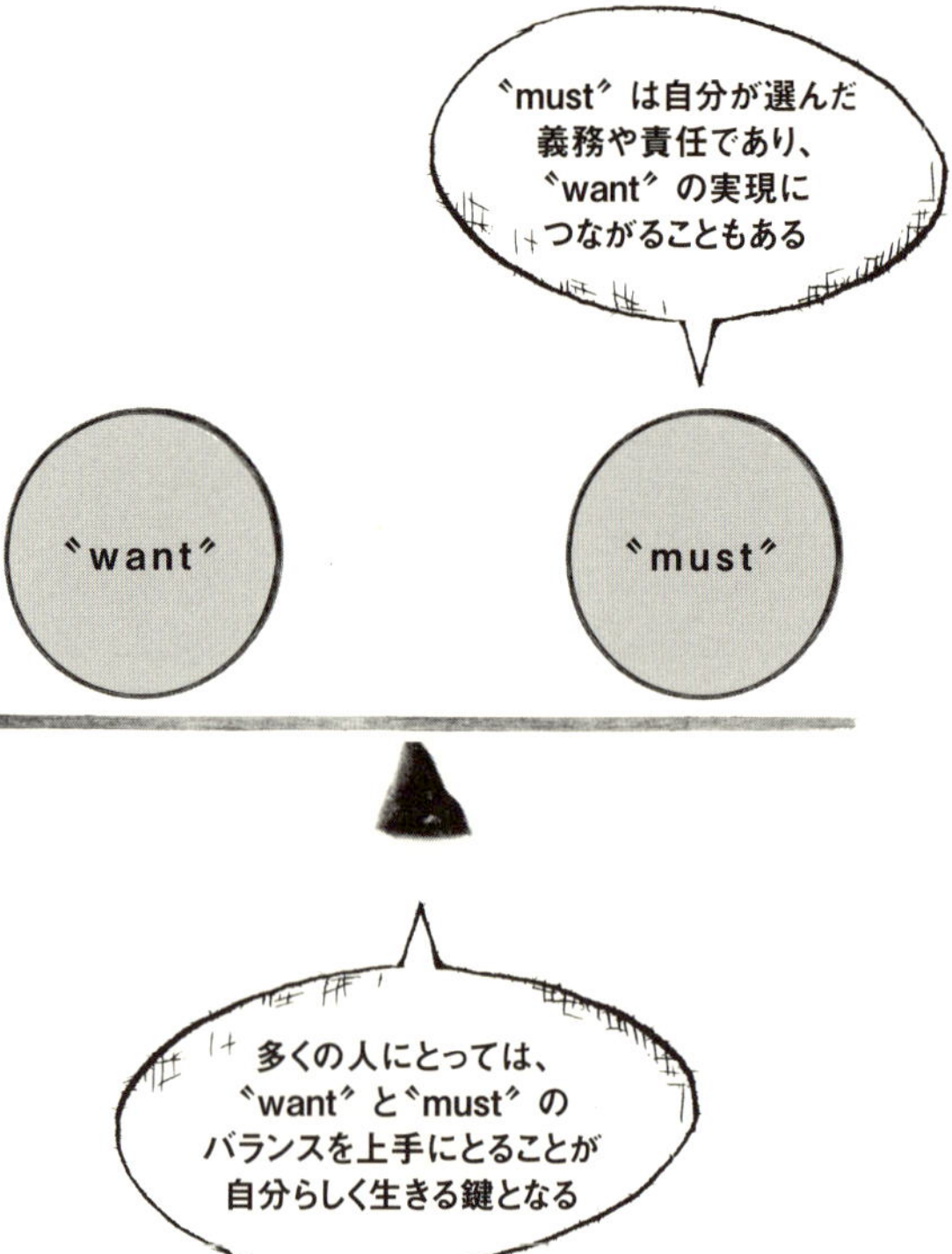

5 未来から現在の自分を眺める。

多くの人は、「過去→現在→未来」という因果の流れを、当たり前のこととして受け入れています。現在の自分に対するイメージから、未来の自分の姿を描いてしまうのです。

しかも、成功体験よりも失敗体験のほうが記憶に残りやすいため、過去の経験をもとに「自分はこの程度の人間だ」と卑下したりします。どちらかというと、自己イメージを引き下げてしまいがちなのです。

あるアスリートと、こんなやりとりをしたことがあります。

「あなたは現在、自分を一流の選手だと思いますか？」

「今はまだ二流ですかね……」

「じゃあ、1年後はどうですか？」

「一流になっていたいです」

「1年後に、一流で在りたいならば、今この瞬間のあなたも一流なのだと意志決定してください。現在、二流と答える人は1年後も二流です。もし1年後に一流で在りたい自分がいるのであれば、今現在のあなたもすでに、一流に値する人なのですよ」

私がここで言っているのは、時間の流れを「未来↓現在↓過去」と捉えてほしいということです。つまり、**過去の経験から自分を創るのではなく、未来の自分のイメージから自分を創る**のです。

そして、何より大切なことは、あなたがそれを決断すること。現在この瞬間のあなたの意志決定が、未来のあなたを創るのです。

自己イメージの創り方

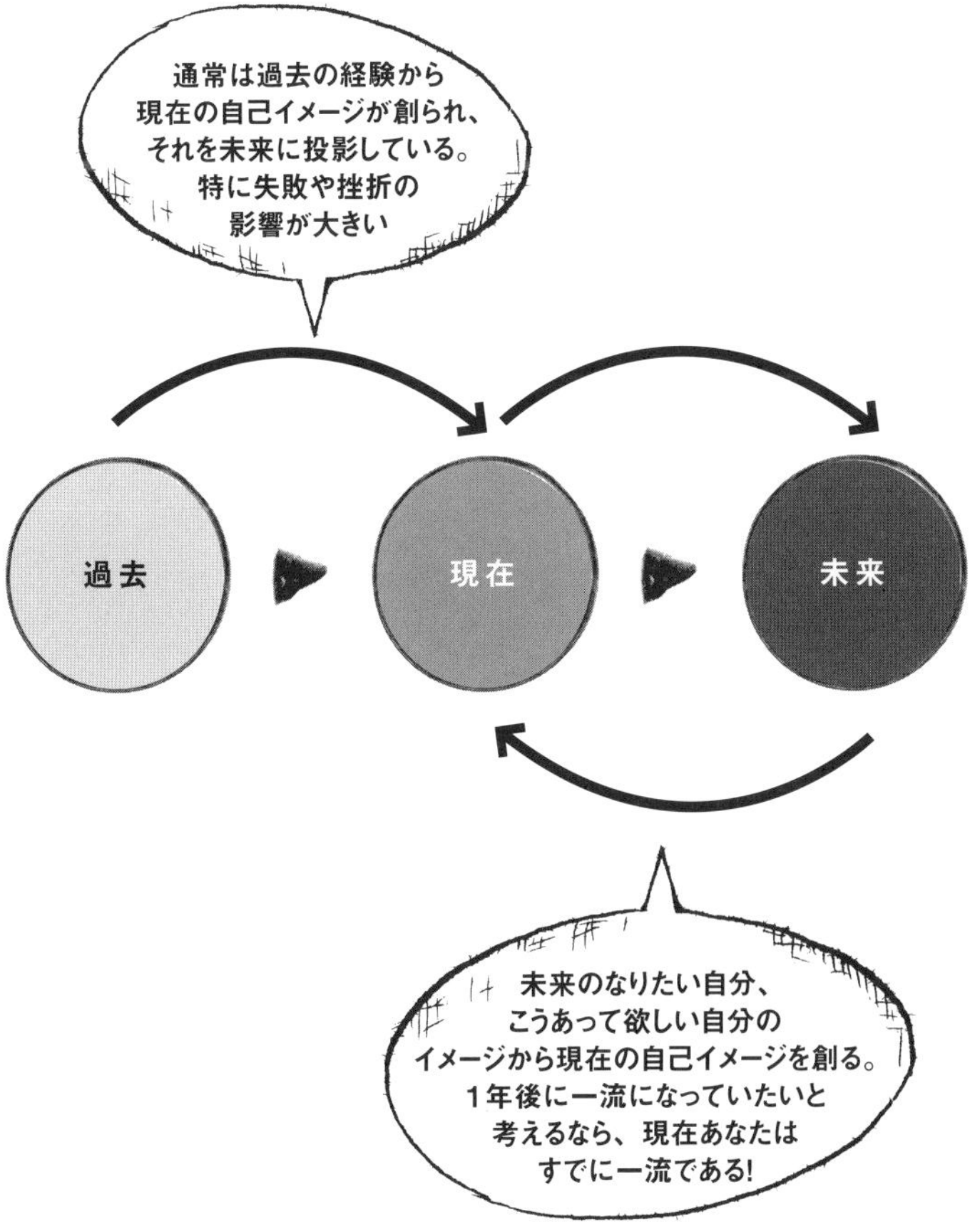
通常は過去の経験から
現在の自己イメージが創られ、
それを未来に投影している。
特に失敗や挫折の
影響が大きい
過去
現在
未来
未来のなりたい自分、
こうあって欲しい自分の
イメージから現在の自己イメージを創る。
1年後に一流になっていたいと
考えるなら、現在あなたは
すでに一流である!

6 心のホメオスタシスに注意する。

人間には生物としてのいろいろな本能が備わっています。そのひとつに「ホメオスタシス」があります。ホメオスタシスとは日本語では「恒常性」と訳され、体温や血糖値などを一定に保とうとする体の働きをいいます。

「心」にもこれに似た機能があります。自分が慣れ親しんだメンタルの状態から外れると、不安や居心地の悪さを感じ、無意識のうちに元に戻ろうとするのです。

こうした「心のホメオスタシス」が特に強力に働くのが、あなたのパーソナリティを決定している「自己イメージ」です。

人は誰しも「自分はこんな人間だ」「こんなふうに人から思われている」といった自己イメージを持っています。そして、そこから外れるような言動をしたり、そのイメージが崩れると強いストレスを感じます。自分らしさにこだわったり、特定の態度や行動を繰り返したりするのはそのためです。

しかし、自分が創り上げたと思っているその自己イメージは、よく考えてみると、他人からの影響を無数に受けています。

自己イメージは物心がつく頃に、ほぼできあがっているといわれます。その時期に「自分は何かを達成できる」という自信を削《そ》がれたり、自尊感情を傷つけられたりすると、その後も悪影響が残ります。

人間は2歳くらいから言葉を覚え、自意識が芽生えてきます。そのときに聞いた、他人の言葉が後々、鏡のように作用するのです。何かを始める前から、不安を感じてなかなか前に進めなかったり、やる前からできないと決めつけてしまう人の多くは、幼児の頃に刷り込まれた自己イメージの低さに原因があります。

頭では「こういう人間に変わろう」と思っても、「心のホメオスタシス」が働いてしまうからです。従来の自己イメージを変えることについて心が変化を拒み、それをキープしようとしてしまうのです。

こうした「心のホメオスタシス」には十分、注意が必要です。

心のホメオスタシスの働き

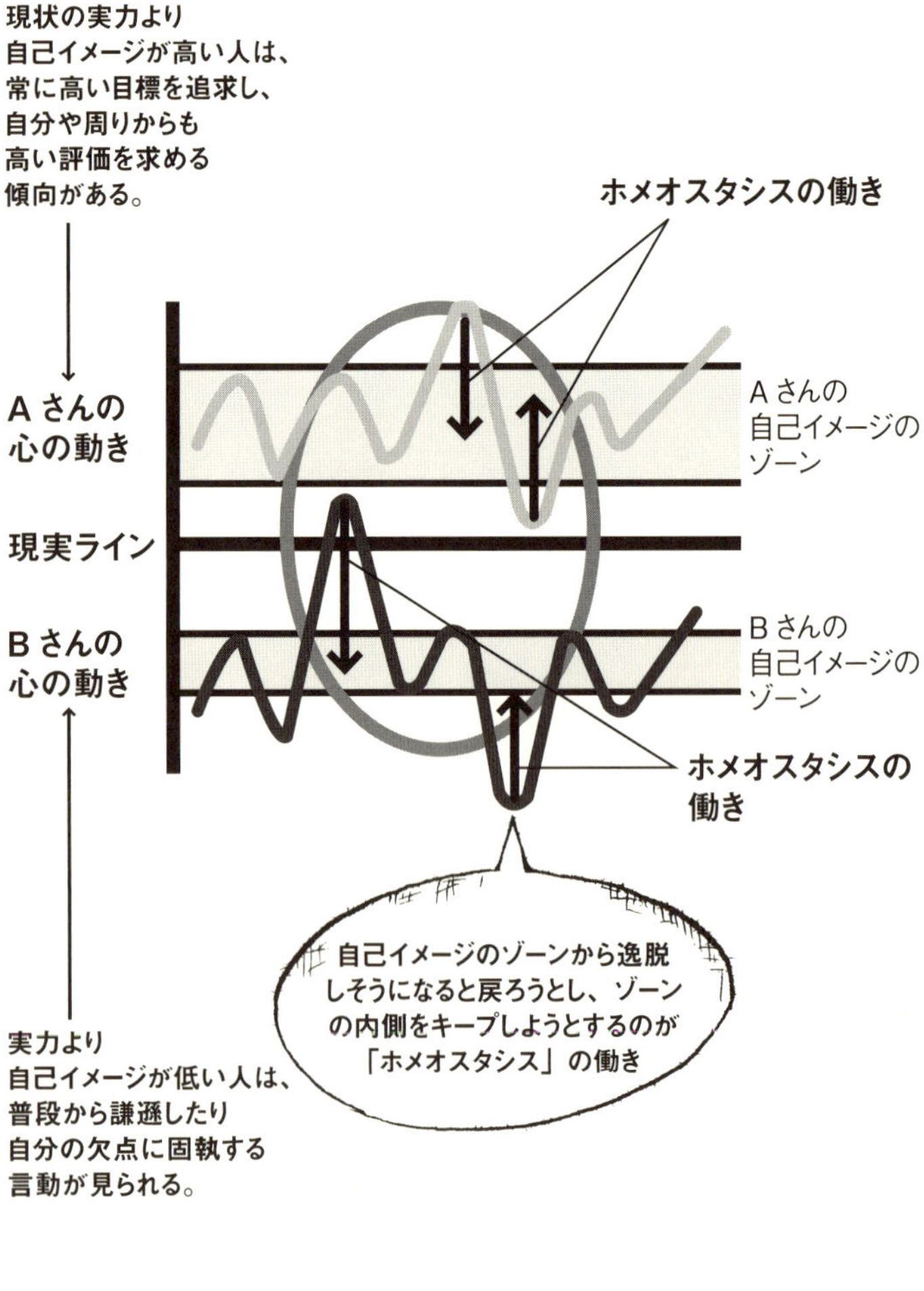
現状の実力より
自己イメージが高い人は、
常に高い目標を追求し、
自分や周りからも
高い評価を求める
傾向がある。
ホメオスタシスの働き
Aさんの
心の動き
Aさんの
自己イメージの
ゾーン
現実ライン
Bさんの
心の動き
Bさんの
自己イメージの
ゾーン
ホメオスタシスの
働き
自己イメージのゾーンから逸脱
しそうになると戻ろうとし、ゾーン
の内側をキープしようとするのが
「ホメオスタシス」の働き
実力より
自己イメージが低い人は、
普段から謙遜したり
自分の欠点に固執する
言動が見られる。

7 自己防衛本能を解く。

心のホメオスタシスは一定の状態を〝維持しよう〟とするものですが、逆に過去に経験した失敗や挫折と同じ状況になるのを〝避けよう〟とする心の働きもあります。

これは一種の「自己防衛本能」であり、動物として生まれながらに備わっているものです。

特に「潜在意識」はナイーブで繊細にできているので、苦痛が何度も反復されると、自動的に拒否反応を示すようになります。

これがいわゆる苦手意識やトラウマです。一度刷り込まれた苦手意識やトラウマは潜在意識の奥深くに入り込み、自分でもそれと気づかないほど根深くなります。その結果、いつも漠然とした不安を感じたり、何かに依存するようになります。

自分を変えたければ、心が無意識に〝避けよう〟としているものに一度、正面から向き合わなければなりません。しかし、顕在意識に抑圧され、心の奥底に追いやられた過去の記憶は、本人もなかなか思い出せないものです。

メンタルトレーニングではときとして、幼児の頃の体験にまでさかのぼり、そのときの感情にそっと近づいてみたりします。そして、無意識に反応してしまう自己防衛本能の縛りをゆっくり解きほぐしていくのです。

8

「心」の目を育てる。

私のクライエントにはトップアスリートや経営者から、企業で働くビジネスマン、アーティスト、子育て中の主婦、婚活女子、不登校児、お受験を控えたお子様まであらゆる方々がいます。

つまり、「心」を持つすべての人です。

私には専門を決めるという概念はありません。職業や肩書でクライエントを見ることはないからです。心を観る専門家として、私が観ているのは物体としてのその人ではなく、内側の「心」そのものです。

目に見える物や、耳に聞こえる言葉だけでは、その人の本質を知ることはできません。そのため、心を観る目を持ち、目の前のカタチのない心に触れていくのです。

しかし、その「心」を見せてくれない人、言いかえれば今の自分から「変わりたくない」という人については残念ながら何もできません。

人には目があり、耳があります。そして、形ある物理的存在として生きる生き物であるがゆえ、どうしても目の前に展開する出来事や外観、情報に惑わされがちです。

しかし、自分の中に眠っている可能性を引き出すには、今、目の前にあるものだけに囚われてはいけません。いかに自分の心の目を持ち、自身の心を使い、物事を観ていけるかが大切なのです。

目に見えないものが分かるようになる「心」の目をぜひ、育てましょう。

chapter-2 メンタルタイプを知る

9 自分のメンタルタイプを知る。

本章では、「メンタルタイプ」についてお話しします。

メンタルタイプとは、簡単にいえばその人の生き様です。他者との関わりにおいて、何か問題にぶつかったときの対処において、あるいは自分自身への態度として、人はそれぞれ「心」の構えやクセを持っています。

私のメンタルトレーニングでは通常、初回にメンタルタイプを探る各種テストを行います。そのひとつが、心理学の様々な理論をベースに作成した「久瑠式 生き様診断テスト」です。16の質問に答えてもらい、その結果をもとに、クライエントを4つのメンタルタイプに分類します。

まずはあなたのタイプをチェックしてみてください。

【久瑠式 生き様診断テスト】

質問	Yes	No
Q1　パーティーなど人の集まりが苦手だ		
Q2　よく自信をなくす		
Q3　うまく行かないとき、原因は自分にあると思う		
Q4　理由もないのに「孤独だ」と思う事がよくある		
Q5　人を使うのがうまいほうだ		
Q6　気持ちの切り替えが早い		
Q7　ついつい「自分」について語ってしまう		
Q8　茶目っけがあるほうだ		
Q9　勘がいいほうだと思う		
Q10　本音をかくすところがある		
Q11　人に合わせるのが苦手だ		
Q12　目標は高めに設定する		
Q13　「個性的」だと思う		
Q14　先手必勝で勝ちにいくほうだ		
Q15　他人の意見に左右されない		
Q16　心配事があると夜眠れなくなる事がある		

上の質問を読んで、自分に当てはまると思うものは「Yes」、当てはまらないと思うものは「No」にチェックを入れてください。あまり深く考えず、問い（Q）に対しYesといえるかどうかの判断でお答えください。

【診断】

STEP-1　Q1～8の点数を合計する

❶Yes:0点／No:10点　❷Yes:0点／No:10点　❸Yes:0点／No:20点
❹Yes:0点／No:10点　❺Yes:20点／No:0点　❻Yes:10点／No:0点
❼Yes:10点／No:0点　❽Yes:10点／No:0点

→この合計点数を下のグラフヨコ軸にプロット

STEP-2　Q9～16の点数を合計する

❾Yes:10点／No:0点　❿Yes:10点／No:0点　⓫Yes:10点／No:0点
⓬Yes:10点／No:0点　⓭Yes:20点／No:0点　⓮Yes:20点／No:0点
⓯Yes:10点／No:0点　⓰Yes:10点／No:0点

→この合計点数を下のグラフタテ軸にプロット

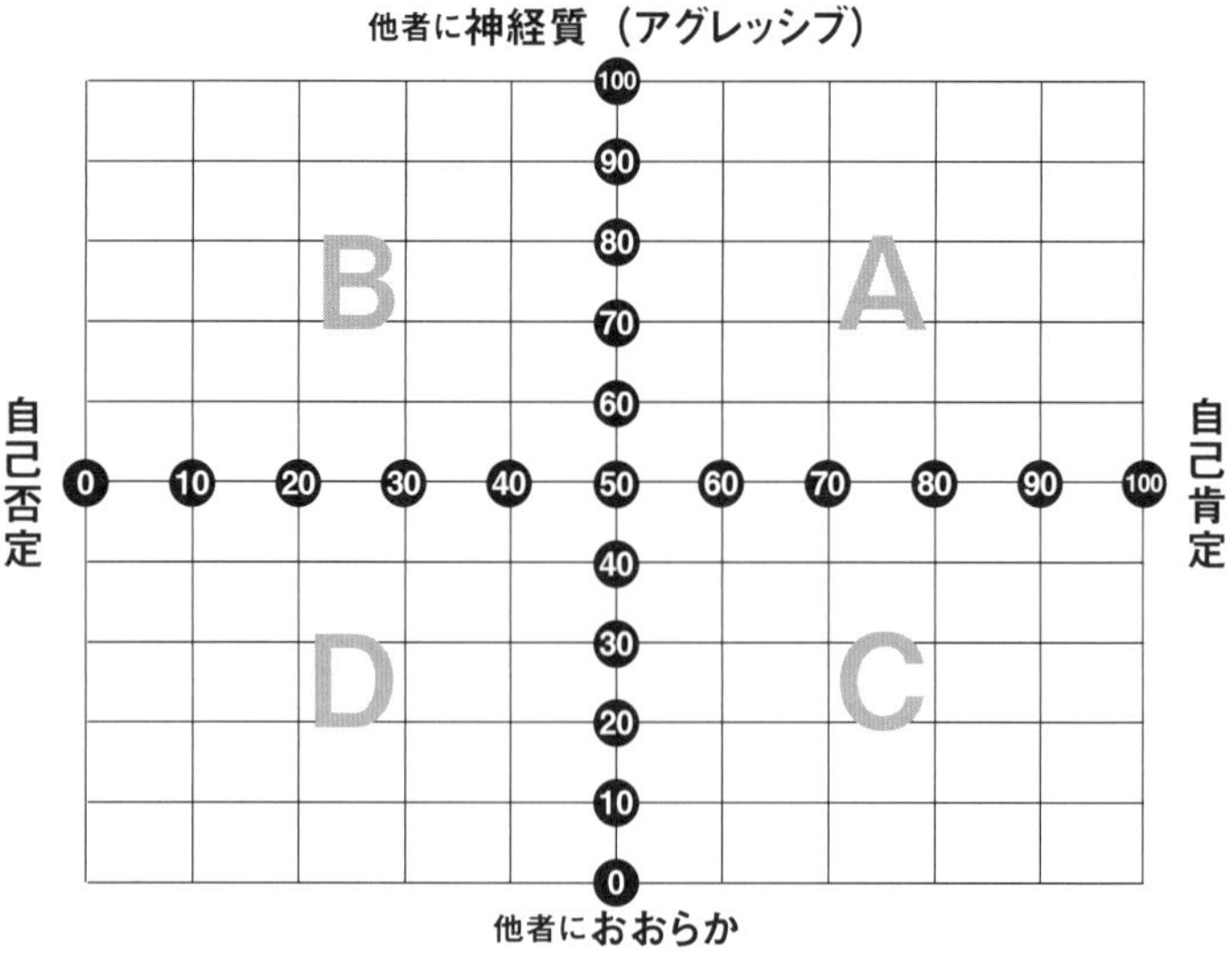
他者に神経質（アグレッシブ）
他者におおらか
自己否定
自己肯定
A
B
C
D
0
10
20
30
40
50
60
70
80
90
100

ヨコ軸とタテ軸の点数の交わるところを座標軸で探してください。その領域が、あなたの今のメンタルタイプです。

A　王様タイプ

イメージ	強い存在感を放ち、主体的に行動するリーダータイプ。基本的に自己評価が高い。
長所	リーダーであることを誇りとし、周りから頼りにされることが多い。本人もそれに喜びを感じて力を発揮する。
短所	自分の思いを通しすぎて、自分勝手な「裸の王様」になることも。周りからの注目やリスペクトがなくなると一気に、やる気をなくしてしまうことも。
例	ダルビッシュ有（野球）、キム・ヨナ（フィギュアスケート）など

B　ストイックタイプ

イメージ	自らの美意識を持ち、己の道を究めようとするタイプ。逆境にもきわめて強い。
長所	自発的な使命感によって、ひとつのことに熱中できる。自分の美学と周りの人や社会の目的とがマッチすると、より高いモチベーションで頑張れる。
短所	自他ともに厳しく、気が付いたら、後ろに誰もいなくなっていることも。目標が達成されないと自分を責める傾向が強い。
例	イチロー（野球）、浅田真央（フィギュアスケート）など

C　ストレスフリータイプ

イメージ	周りとの調和を大切にして、争いを好まないタイプ。しなやかな強さを持つ。
長所	調和能力が高く、誰とでも良好な人間関係をつくることができる。他人のパワーも自らの力にしてしまう。
短所	異議異論にめっぽう弱い。居心地のよい場所から抜け出せず、変化を拒む。冒険やチャレンジを避け、現状維持でよしとする傾向がある。
例	長谷部誠（サッカー）、宮里藍（ゴルフ） など

D　受け身タイプ

イメージ	忠誠心が強く、自分より他人を立て、信頼されるタイプ。人に好かれて応援される。
長所	従順で謙虚なため、目上からかわいがられたり、引き立てられたりしやすい。また、誰かを支え、他人をサポートする場面で力を発揮する。
短所	自己主張が苦手で、他人に依存的で優柔不断。自己評価が低いため、ときとして自己卑下に陥り、信じてきた相手や組織に対して被害者意識を募らせることも。
例	斎藤佑樹（野球）、安藤美姫（フィギュアスケート） など

テストの結果はどうだったでしょうか？

あなたは何タイプでしたか？

このテストは、あなたの「こう在りたい」という無意識の願望をみるものです。それが無自覚な行動として、日頃から表出されている人もいれば、まだ顕在化されていない人もいるでしょう。

あなたが「こう在りたい」と明確に意識化することで、タイプを変えることもできます。どう生きるかを決めているのは、あなたの潜在意識なのですから。

「久瑠式　生き様診断テスト」では、分類のために2つの軸を用いています。

ひとつは、自己を肯定する傾向が強いか、それとも否定する傾向が強いかというヨコ軸です。もうひとつは、他人に対して神経質（アグレッシブ）か、それともおおらかかというタテ軸です。

人間の性格や自己イメージは、自分と他人との関わりの中で創り上げられ、しかも変化し続けます。したがって、自分に対する態度（肯定と否定）および、他人に対する態度（神経質とおおらか）は、「心」のクセや状態を判断する重要な目安になるのです。

どのメンタルタイプが良いとか、悪いということではありません。

同じタイプでも、座標軸の中心のほうに近いか、端に近いかで違いがありますし、中には境界線上に位置する方もいます。

また、スポーツはもちろん、どんな分野においても、それぞれのタイプを生かし、成功を収めている方々がいます。逆に、自分のタイプを上手く生かせないと、努力に応じた結果が出ません。

重要なことは、メンタルトレーニングの入り口として、まず自分の内側の潜在意識の傾向を知ることです。

本章では4つのメンタルタイプについて、個別にもう少し詳しくお話ししていきましょう。

10

「王様タイプ」はリーダー体質だが、裸の王様になることも。

このタイプは自己肯定感が強く、他人に対してアグレッシブに振る舞う傾向があります。生まれついてのリーダー体質で、自分に対して自信があり、それを素直に言葉や行動にできる人です。

また、情熱的で推進力や実行力があり、たとえ周りとぶつかって非難されても、ひるまない強さがあります。主体的に自らの指針を貫き通すことで、多くの人の賛同を得て、支持されれば、大きな業績を上げることができるでしょう。

一方、自分に自信がある分、自己中心的で、他人に対して「上から目線」になりがちです。自分を認めたり評価したりしない相手には反発し、敵をつくりやすい傾向を持っています。

つい自己を過大評価し、周囲から認められないことに強いストレスを感じます。挫折や失敗を認めず、現実逃避もしくは他者を排除する結果、「裸の王様」になってしまうこともあります。

王様タイプは、判断基準があくまで自分なので、往々にして現実の評価などは気にしません。しかし、事実を事実として認識できさえすれば、もともと自信がありエネルギッシュなため、地に足のついた強さを発揮できます。そうすれば本物のリーダーへと成長することができます。

11

「ストイックタイプ」は向上心が強いものの、孤立しがち。

このタイプは、自分の美学に対する信念とこだわりがあり、目標や理想を達成するための努力を惜しみません。

クリエイティブな能力に長《た》けており、常に向上心を持って現状打破に挑んでいます。スポーツの試合やビジネスの現場において、たとえ負けや失敗が続いたとしても、ストイックに自分の限界に挑戦できる、生まれつきの勝負師です。

また、平均点で満足することができず、常に高い理想を追い求め、それが手に入らなかったとき、強い挫折感や喪失感を持ってしまいがちです。

自分にも他人にも厳しい傾向があり、自分の美学やこだわりを他人にも求めすぎると、周囲から浮き上がり、孤立してしまいます。

このタイプは、良いときの自分も良くないときの自分も受け入れられる器を持つことが重要です。どんな状況においても「これは自分が好きでやっているんだ」と考え、上手くいかなくてもその状況に意味を見出《みいだ》し、楽しむようにするのです。

こうした逆境においての態度を、私は「変形楽観主義」と名付けています。

実際、ダメなときはダメなときなりに状況を楽しめるようになれば、ますます底力を発揮できます。どんな逆境においても高いパフォーマンスを発揮できるようになれば、まさに鬼に金棒です。

12

「ストレスフリータイプ」はのんびり屋で、意欲に乏しい面も。

このタイプは自己肯定感が強いと同時に、他人に対しておおらかです。そのため平和や調和を大切にし、お互いにとって居心地のよい空気を醸し出し、建設的に物事を捉えることができるのです。

他人を喜ばせることを自らのモチベーションとし、周囲からの期待や信頼をそのまま自分のパワーとして取り込むことができます。どんな状況にも柔軟に対応でき、ストレスも無理なく受け流せます。

一方、現状維持を望む傾向が強く、自分の実力より目標を下げ、失敗のリスクを避けるところがあります。

たとえば、受験では確実に合格する学校を選び、恋愛では理想の相手のレベルを下げ、仕事では目標とするゴールを低く設定するなど、想定内の結果で満足しようとするのです。

そのため、大きく成長するチャンスを逃してしまい、小さくまとまってしまう危険があります。

このタイプのクライエントに、私がいつも問うのは「できるかできないかではなく、本当にやりたいことは何ですか？」ということです。現状に満足しながらも、その心の奥に「もっとこうなりたい」という"want"があるのならば、それを大切にするよう働きかけます。

ただし、目標があまり高いと不安を感じやすいので、無理のないレベルから少しずつ引き上げていくアプローチが適しています。

13 「受け身タイプ」は面倒見がいいが、自分を見失いがち。

このタイプは人の言うことを素直に受け入れるので、補佐役や相談相手として重宝がられ、信頼を築くことができれば、非常に活躍できるポジションが回ってきます。着実に実績を積み重ねていくことで、いつしか、なくてはならない存在になることも少なくありません。

けれど、それは同時に、自己主張をすることが苦手で、どちらかというと傍観者的であることを意味します。誰かの指示を待つ傾向が強く、誰かに要求をすることよりも、誰かから要求を受けて行動することを好みます。

これは日本人に最も多いタイプで、巷《ちまた》の草食系男子もこのタイプに近いといえるでしょう。

こんなふうに説明すると、受け身タイプを否定的なイメージで捉えてしまうかもしれませんが、成功する人はいくらでもいます。

たとえば、プロ野球・北海道日本ハムファイターズの斎藤佑樹投手は、私が見るところ、受け身タイプです。あれだけのスター選手でありながら、謙虚でいつもどこか控え目です。だからといって周りに流されもせず、一歩引いて調和を保ちながら、チームにとけこみ、自分を魅《み》せていくという個性が、自然に生まれているように見えます。


また、このタイプの大きな特徴は、気配りの名人であるということです。人を見守り、育んでいくという母性的な面を持ち、世話をすることを好むので、誰からも好かれます。その結果、縁の下の力持ちとして重宝される存在となるのです。

一般的にはリーダーとして人を引っ張っていくというよりは、皆をサポートしていくような役割が適しています。会社の管理職なら部下の気持ちに配慮し、褒めて育てるのが得意です。

最近は、どちらかというと、先頭に立ってグイグイ引っ張っていくリーダーより、皆と同じ目線でいられる、サポーター的なリーダーが求められているので、時代にマッチしているのかもしれません。

一方、このタイプは主体性が弱く、自分で自分を励ましたり、自分の自尊心を充《み》たしたりするのが苦手です。謙遜《けんそん》を美徳と考えるところがあり、それが自己評価の低さに繋《つな》がっています。

また、人間関係ではつい自分を抑え、相手に一歩譲ってしまい、「何だかいつも人に振り回されて嫌だなあ」という不満につながります。

王様タイプやストイックタイプの場合、たとえ他人のせいで何か上手くいかなかったとしても、裏切られたという発想はあまりありません。すべては自分が決めたこと、失敗も成功も自分が生み出したこととして動いているので、誰かのせいにするという考えが生じないのです。それに対して受け身タイプは、どうしても他人依存の傾向が強いので、被害者意識を募らせたり、ときには被害妄想に囚われてしまうこともあります。

このタイプの人は、まず心理的に何に依存しているのかを明らかにする必要があります。メンタルトレーニングでは、本人が何を失うことに不安を感じているのか、誰に嫌われることを怖がっているのか、などを明らかにしていきます。

その上で、2つのアプローチを試します。

ひとつは、依存する対象を信じきる勇気を持つことです。自分に自信がない分、「この人に本当についていっていいのかな」「これは危なそうだからやめておこう」などと依存する相手や対象に対しても不安になっていきます。そして、結果が伴わなければ、自分が裏切られたような気持ちになりがちです。

しかし、「自分が信じたいから信じるのだ」と自分発信で勇気を持って関わることができれば、信じる力が鍛えられていきます。相手や対象を信じきることができれば、そのことで自分に対する信頼が生まれてきます。

もうひとつは、自分自身をもっと認め、褒めることです。このタイプは他人から褒められるのを待っているところがありますが、そうではなく「自分はよくやっている」と自分で自分を評価し、自尊心を育てていくのです。

14

「境界タイプ」は臨機応変だが、どっちつかずのところも。

テストの結果、２つのタイプのちょうど境界線上、もしくは座標の中央に位置した人もいるでしょう。

この「境界タイプ」は複数のメンタルタイプを備えており、自分がおかれた立場や状況に応じてカードを使い分ける傾向があります。長所としては順応度が高く、状況に応じた役回りを演じることができます。

たとえば、「王様タイプ」と「ストレスフリータイプ」の境界線上に位置するビジネスマンの場合を考えてみましょう。彼は、会社ではリーダーとして、同僚や部下を引っ張っていますが、家に帰ると奥さんの話をよく聞く、いわゆる〝愛妻家〟だったりします。

短所としては、パーソナリティが伝わりづらく、存在感が薄いところがあります。たとえば、座標軸のど真ん中に位置するキャリアウーマンの場合、仕事はそつなくこなすものの、組織の中でキャラクターが表出されない曖昧《あいまい》なタイプだったりします。

このタイプは本音を見せずに距離をとって人と接し、ポジションや状況に応じて流されやすい傾向もあります。結果的に自分を発揮できず、相手によって態度が豹変したり、日によって言動がまったく違ってしまうのです。

そのため葛藤を抱えやすく、無自覚に理不尽な思いを募らせ、「心」の状態がブレやすいともいえます。

15 メンタルタイプに合わせてトレーニングする。

一対一のパーソナル・メンタルトレーニングを進めていく際、一様のやり方では結果に繋がりません。私はクライエントそれぞれの心と向き合い、メンタルタイプに応じた傾向を生かすため、100人いれば100通りのメニューを創ります。

たとえば、王様タイプは、自尊心やプライドを思い切り高めるようもっていくと、その良さが生きてきます。自分のイメージをどんどん引き上げ、「○○宣言」するくらいでちょうどいい感じです。

ストイックタイプなら、目標設定が大事です。あまり設定のレベルが現実的だと心が動きません。むしろ、自分をどんどん追い込むぐらいにし、美意識に拍車をかけると、モチベーションが引き上がります。

ストレスフリータイプは、現状を維持しながら「〜できるかも」「〜があったらいいな」と仮想して、マイペースで目標を上げていきます。いきなりガツンとではなく、徐々に現実レベルそのものを引き上げていくのです。

受け身タイプは、自己評価が現実よりやや低いので、あまり最初から高いところは目指さず、ひとつずつ成功体験を積み重ねて自尊心を高めていきます。

メンタルタイプはトレーニングによって変わっていくこともあります。

たとえば、男子ゴルフの石川遼選手。私は今まで、彼のメンタルはアグレッシブ度の高い、ストレスフリータイプだと分析していました。

しかし、２０１１年以降の彼は、公《おおやけ》の場で未来の自分について語っていることが多くなりました。たとえば、ツアーの賞金を東日本大震災の被災地への義捐金《ぎえんきん》にあてていたこともそのひとつです。

これは、結果が出る前から自分にプレッシャーをかけ、未来に対して仕掛けていく心の在り方です。自分のゴルファーとしての結果が、他の誰かのためになっていく。それによって「勝ちたい」思いはさらに強まっていきます。

リーダー的なスタンスが明らかになってきており、むしろ王様タイプに近いのではないかと見ています。性格のタイプが変わるのは実は、無意識の"want"が変わるからで

タイプ別のメンタルイメージ

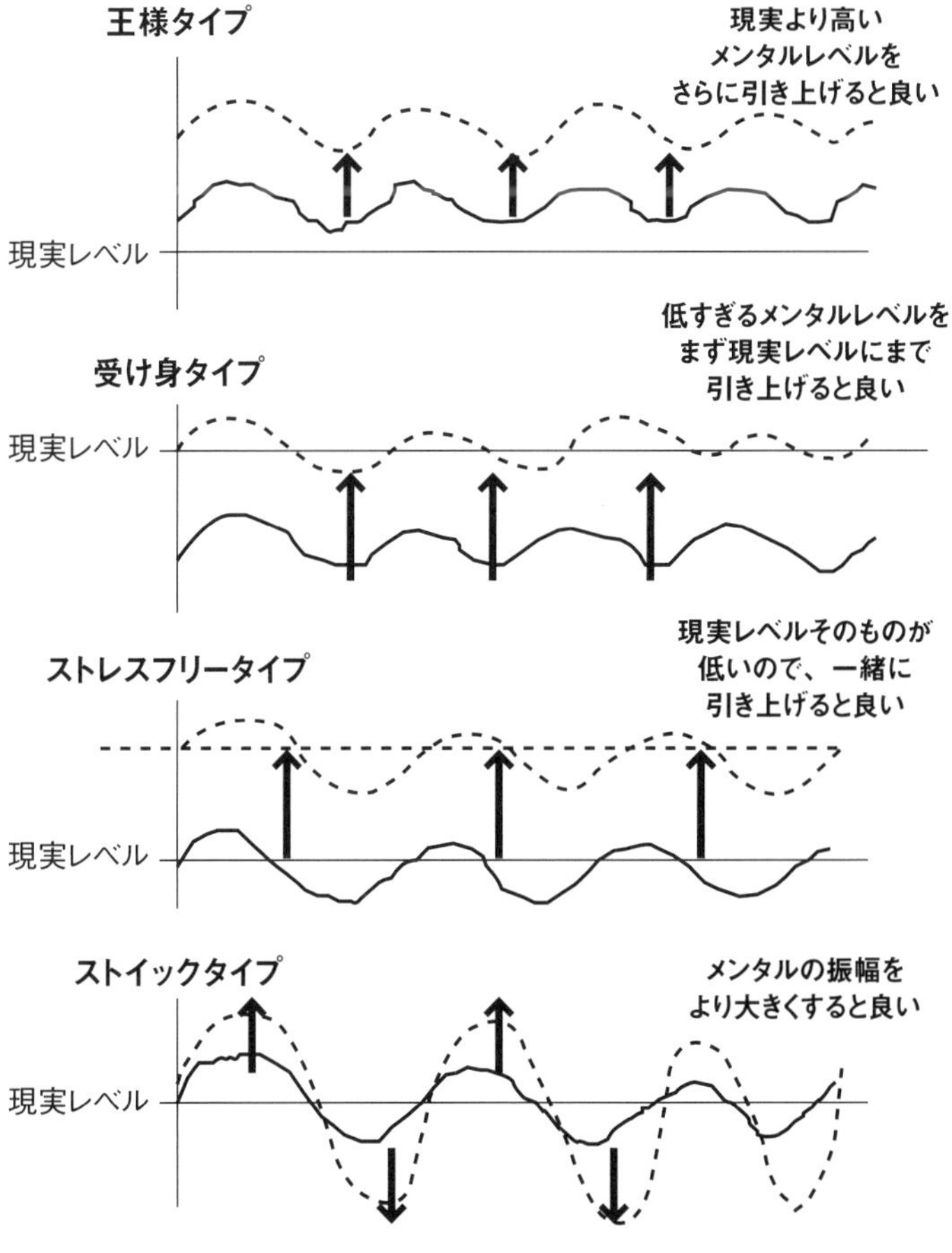
王様タイプ
現実より高い
メンタルレベルを
さらに引き上げると良い
現実レベル
受け身タイプ
低すぎるメンタルレベルを
まず現実レベルにまで
引き上げると良い
現実レベル
ストレスフリータイプ
現実レベルそのものが
低いので、一緒に
引き上げると良い
現実レベル
ストイックタイプ
メンタルの振幅を
より大きくすると良い
現実レベル

す。自分で「こういうタイプになりたい」と思えばそのようになるのです。

人生のステージによって、「今回はストレスフリータイプでいこう」とか「次は王様タイプでいこう」と選択して構いません。極論すれば、自分の中に複数のメンタルタイプを同時並列で持っていてもいいでしょう。状況に合わせ「在りたい自分」「魅せたい自分」になればいいのです。

メンタルタイプを使い分けることで、「潜在意識」が心地よいと感じ、あなたの内側が活発に動きだすことが何より重要なのです。

chapter-3 「勘違い」の力

16

「なんとか馬鹿」になってみる。

心のエネルギーは無限大です。これは、メンタルトレーナーとして多くの人の心と向き合い、日々感じてきた、私にとっての真実です。

あなたの中には、あなたが想像しているより遥かに凄いパワーが眠っているのです。肉体の能力には限界がありますが、心には物理的な限界はなく、使えば使うほどエネルギーが内側から湧き出してきます。

その鍵を握るのは、あなたの心の奥に在る、あなた自身の"want"です。その原動力に突き動かされ、心の「自己発電装置」が稼働し始めれば、エネルギーはどんどん生まれてくるのです。

心の奥に在る"want"の声を聞くには、潜在意識に眠る言語化できない感情に触れていくことが必要です。

「なんとか馬鹿」といわれる人が強いのは、**潜在意識の情動に突き動かされながら、自らが決めた道を信じて進んでいく**からです。そういう人は、不器用とも言えるほど、真っ直ぐな情熱と勇気の持ち主です。

あるアスリートが新婚旅行で海外に出かけたときのエピソードです。

初夜が明けた朝、彼はいつものように一人、走り込みに出かけました。彼はオリンピックを目指し、この何年間をかけて練習を積み、一日も欠かさず走り込みを続けていたからです。

プロのアスリートのトレーニングです。フルメニューをこなせば午前中は練習にあて、行ったきりお昼すぎまで戻ってきません。一人残された新妻としては、これから始まる長い人生の初日、二人きりの朝という思いがあったでしょう。しかし、彼にとっては、たとえ新婚旅行の初日であろうとも、たった一日でも休むのは、これまでの自分のポリシーに反することだったのです。

私がファッション雑誌のモデルをしていたとき、モデル志望の女性からよく、「私、モデルになれますか」という質問を受けました。

「あなたが今、本気でモデルを目指したいと決めるのなら絶対なれると思う。でも、なれるか、なれないかを他人に委《ゆだ》ねたりしないで、そのなりたいというあなたの気持ちを大切にしたほうがいいよ」

私はそう答えていました。

「モデルになれるのか」と「モデルになりたい」では、まったく未来が変わってきます。どうしても人は、「仕事があるかどうか」といった観点で考えがちです。けれど、そうした「〜でなければ〜できない」といった条件付きの願望では、主導権が他者に渡ってしまいます。

何より問われるのは、「モデルになって、そして、自分に何ができるか」ということです。憧れのモデル事務所に所属できたことで満足してしまう人が多くいます。事務所に所属することがゴールではないのです。モデルとしてどんな仕事をしていきたいのか、何を表現したいのか、が重要なのです。

プロ野球選手なども同じでしょう。少年時代からの憧れであったとしても、プロのユニフォームを着て、ベンチ入りすることが目的ではないはずです。ヒットを打って結果を残すことはもちろんですが、ひとつひとつのプレイを通して、何を観客に伝えていけるのか。どれだけの勇気や希望を与えられるのか。それが、野球人生を懸けた勝負なのではないでしょうか。

私はメンタルトレーニングを通して、そういった心意気やプロとしての姿勢、社会においての役割を、クライエント一人ひとりの無意識に働きかけ、二人三脚で見出していきます。結局のところ、心の在り方がその人の人生のクォリティを変えていくのです。

自分の"want"は自分だけのものです。他人の評価や世間の目など、気にすることはありません。"want"に突き動かされて生きることができれば、内面が輝き始めます。周りからも素敵に見えるはずです。

プロフェッショナルになる一番の近道は、まず**「自分はどうなりたいのか」という、将来の夢とビジョンを抱く**ことです。そして、真っ直ぐな"want"で「なんとか馬鹿」になれるかどうかなのです。

17

「なりたい自分」をイメージする。

Rさんは、2年近く、メンタルトレーニングに通っている20代後半のOLです。

当初、彼女の目標のひとつは、「英会話を勉強して、英語を流暢《りゅうちょう》に話せるようになりたい」ということでした。他の目標には、比較的しっかり取り組んでいたのですが、英会話のほうはいつまでも始められずにいました。

そこで、ある日のトレーニングで「そもそもなぜ、英語を話したいのか。英語を話せるようになったら何が手に入るのか。どんな自分になりたいのか」を一緒にイマジネーションしていきました。

「英語を流暢に話している自分を頭の中でイメージしてみて。どんな気持ちがする？」

「凄くいい気分で、誇らしい気持ちですね」

「そこには誰が見える？」

「ネイティブな会話をしている自分がいて、カッコいい外国人の彼氏と話してます」

「どんな話をしているの？」

「ずっと一緒にいたいねって、プロポーズされて……」

「そう、素敵ね。それから？」

すると彼女の中で何かスイッチが入ったようで、どんなタイプの男性で、彼の仕事は何か、結婚したらどこに住みたいか、生まれた子供はどんな感じの顔立ちか、もうウキウキで話が止まらなくなりました。

「それじゃもう、英語を話せるようになるしかないわね」

「本当ですよね。何がなんでも頑張っちゃおうかな……。彼といっぱい話したいし、うわぁ、本気で英語、話したいかも！」

帰り際には、翌日すぐにでも英会話教室をいくつか回って入会すると言って帰っていきました。


これが私のいう「自己発電装置」が動き出した状態です。

彼女にはその後、朝起きてから、通勤中、そして夜ベッドに入ってからと、一日何度も英語を自由に操って、素敵な彼氏と楽しそうにしている自分の姿を想像してもらいました。最初のうちは、モノクロ写真のようなイメージしか浮かびませんでしたが、そのうち想像の中のシーンは鮮やかにビジュアル化され、自分や相手が生き生きと動き出す動画になっていきました。

ポイントは**できるだけ具体的に細かく、想像を膨らませていくこと。想像が創造を生む**のです。

単に頭で考えるだけでなく、そのときの自分の感情の動きなど五感をフルに使い、映像化し、心のスクリーンに映し出します。そうすることで潜在意識に強く働きかけると、"want"の原動力が強まっていきます。

18

「根拠のない自信」を持つ。

自分の"want"を見つけるために必要なのはただひとつ、「根拠のない自信」です。

もちろん、過去の成功体験は重要なヒントになります。けれど、過去に成功体験や実績がない人が"want"を見つけにくいかといえば、そんなことはありません。

「根拠のある自信」を持っている人は一見強いように見えますが、**過去の根拠に支えられた自信というのは、その根拠が失われたときに一気に崩れ落ちます**。これまで信じてきたものが揺らぎ、不安や迷いが生まれ、本来のチカラが発揮できなくなってしまうのです。

それに比べ、**「根拠のない自信」は、過去ではなく未来に対して抱く自信**です。その自信が「〜したい」という"want"と結びついて、能動的にやりたいからやるという自己発信のエネルギーを生みます。だから、未来へのチャレンジに全力で取り組めるのです。

未来のことは誰にも分かりません。そのためか人間はつい、過去に根拠を求め、それにしがみついて自分で限界をつくってしまいます。どんなに能力が高く実績のある人でも、過去に囚われ、それを維持し守ろうとする意識が生まれると、たちまち後退し始めます。

未来について考えるとき、**「できるか、できないか」ではなく「やりたいか、やりたくないか」が大事**です。できないことを前提にやらない理由を並べても意味はありません。未来に「こう在りたい」と思う自分に近づくために、現在があるのです。

「根拠のない自信」は、「素敵な勘違い」さえあれば、誰でも手に入れることができます。

「勘違い」とは本来、事実と異なることを本当のように信じることですが、ここでいう「素敵な勘違い」はちょっと意味が違います。

勘違いするのは未来のことであり、自分の心がワクワクするような「素敵なこと」を未来に実現している自分を思い描くのです。

未来はまだ訪れておらず、「素敵なこと」が実現するかしないかは、そのときになってみなければ誰にも分かりません。

それならば、「できないかも」とネガティブに考えて立ちつくすより、「こうなっていたら素敵！」「実現したら最高！」とポジティブなイメージとして捉えるのです。

もちろん、客観的にみて実現する確率が、高いか低いかということはあるでしょう。しかし、確率が低いということと、「きっと実現するはず」と未来に在りたい自分をイメージし信じることは、なんら矛盾するものではありません。自分を信じる勇気を持つことが大事なのです。

未来を信じるというのは心構えの問題であって、確率の問題とはまったく別です。イマジネーションの限界がその人の限界ともいえます。勘違いできるかどうか、未来のイメージを持てるかどうか、そして根拠なく信じられるかどうか、が重要なのです。

自分の未来をどう考えるかは、あくまで個人の自由であって、誰かに判断を委ねる必要などどこにもありません。

今やドラマや映画などで大活躍している、モデル出身の俳優であるDさんがいます。20年ほど前、Dさんはモデルから俳優に転身をはかり、初出演のテレビドラマでは大成功を収めたものの、その後は鳴かず飛ばず。舞台に挑戦したものの、演技の面で苦労

「素敵な勘違い」と「根拠のない自信」

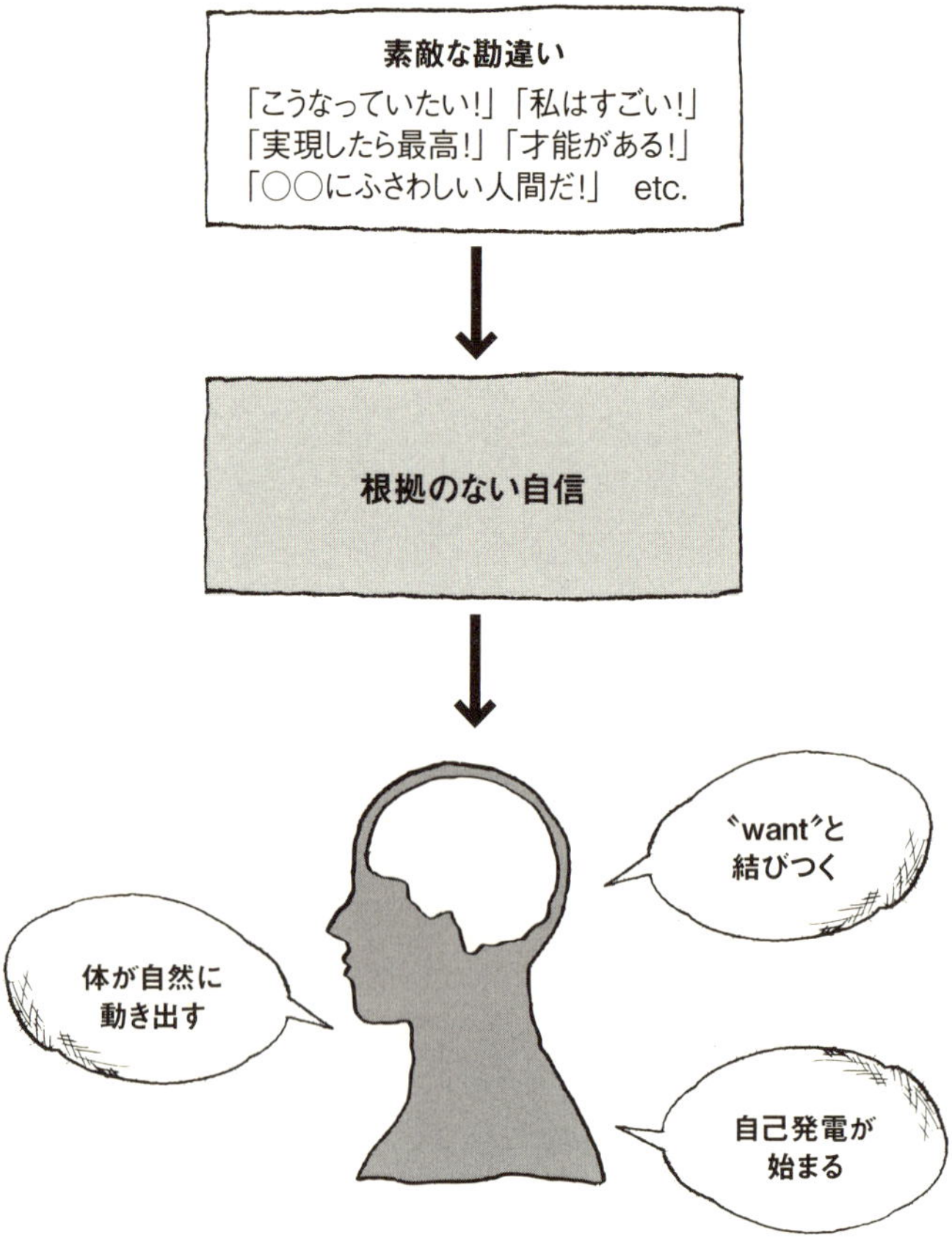
素敵な勘違い
「こうなっていたい!」「私はすごい!」
「実現したら最高!」「才能がある!」
「○○にふさわしい人間だ!」 etc.
根拠のない自信
〝want〟と
結びつく
体が自然に
動き出す
自己発電が
始まる

しているように見えました。

しかし、ある内輪の集まりにやってきた彼は、将来の自分について真顔で次のように言ったのです。

「俺はさ、松田優作にはなれないけど、高倉健にはなれるんだ」

この先、俳優としてやっていけるかどうか危ぶまれていた時期に、Dさんは何の根拠もなく未来の自分は一流の俳優であると信じていました。そう言えたことが、その後、彼の俳優としてのポジションを創り出したのだと思います。

実際、彼は次第に存在感のある俳優として認められるようになり、今ではシリアスものからコメディーまで幅広い役をこなしています。

これが「素敵な勘違い」の効果です。

「素敵な勘違い」は「根拠のない自信」を創り出し、「こうなりたい」という自分の"want"に結びつきます。すると、"want"が原動力となって、自己発電を始めます。

自己発電が始まると、体が自然に動き出します。自ら選んだ道を信じて突き進むことができ、それによってまた「素敵な勘違いの才能」が磨かれていくのです。

19

心がワクワクドキドキするものを探す。

心の奥の"want"を探していく作業は、ラジオの周波数を合わせるのに似ています。自分の心が一番感度良く、ワクワクドキドキするものを少しずつ、あちこち手探りしていくイメージです。

最初から決めてかからず、まっさらな気持ちでいろいろな方面にアンテナを伸ばせば、自分の心にアプローチしやすいと思います。

メンタルタイプごとに、意識すると良いコツを少しお伝えしましょう。

「王様タイプ」は、人からの信頼や尊敬を自分のエネルギーにするところがあります。そこで、自分がリーダーシップを発揮し、難しい課題やとてつもなく大きなプロジェクトに取り組んでいる場面を思い浮かべてみると、"want"を探し出せる確率が高くなります。

「ストイックタイプ」は、自分軸で生きる傾向が強いので、自分にとって関心が強かったり興味をひかれる方面で、自由にイメージを膨らませると上手くいきます。

「ストレスフリータイプ」は、現状をキープすることで、浮き沈みのない安定と安心を求める傾向があります。現状の延長線上で、周りの人たちと一緒に、何かしているシーンを思い浮かべるのがいいでしょう。

「受け身タイプ」は、他人からの影響を受けやすい傾向があります。あまりに大きな夢や目標を掲げると、それがもとで他人との間で摩擦やトラブルを起こさないかという不安が先に立ち、尻込みしてしまいます。最初は身近なレベルから、"want"を探していくほうがスムーズにいくでしょう。

Nさんは30代前半の競輪選手です。周りと争うことを好まず、調和や安定を求める、温厚な雰囲気の「ストレスフリータイプ」です。そんなNさんですが、現状を変えたいという強い思いからメンタルルームを訪れました。

「どんなレースをするのが理想ですか？」という私の問いに、彼はこう答えました。

「今は正直、そこそこプロとしてやっていけたらというのが本音です。競輪が好きだから、この仕事をずっと続けていきたいんです。でも、怪我することなく無事にゴールできることが目標になってしまって、最近はめっきり成績が出せなくなっています。接触事故に巻き込まれると命を落とすこともあるので、あまりガシガシ突っ込んでいくのは避けたいと思ってしまうんです」

Nさんも以前は、クラッシュがあっても、その隙間を抜けていくような走りをしていました。何があっても1着をとりたいという"want"の走りです。

それが今は、怪我をしてはいけないという"have to"に抑えられてしまっているのです。リスクを冒すくらいなら、後方を走っていたほうが危なくないと考えてしまうのです。しかし、それではリングに上がらない格闘家のようなものです。

競輪の世界ではS級が最高ランクで、Nさんは今2つ下のA2級です。

「S級を目指す？　とんでもない。俺は今のA2級で十分です。S級はプレッシャーが凄いですし、なったとしても維持するのがまた大変なんですから」

Nさんにとっては、今のランクで現役を続けるのがリスクも少なく、ちょうど心地よいのです。無理にS級を目指そうとしても、それが"have to"になりかねません。

Nさんのこうした出し惜しみの"want"は、無意識の自己防衛です。「これは自分のマックスの力ではない」とどこかで自分に言い訳し、プレッシャーを回避しようとしているのです。

そこで、「根拠のない自信」で構わないので、自分はS級クラスの選手であるというイメージを創っていきました。試合前の選手待合室に入ったら、堂々と振る舞い「どんなレースにしたいか。どんな勝ち方をしたいか」というイメージトレーニングをするようにしたのです。とても謙虚なタイプなので「実感を持とうとすると何だか居心地が悪くて。現実とは違うから……」と言いながらも、Nさんは実行に移していきました。

そして、3回目のトレーニングのとき、「久しぶりに1着をとれました」という笑顔の報告を受けました。そのレース後には、先輩から「7年前のお前が戻ってきたな」とも言われたと、とても嬉しそうでした。

先輩に何て答えたかと聞くと、「いやいや、そうでもないです。たまたまですと答えました」。

「いつものクセですね。でも、たまたまじゃないですよ。勝ちをとりにいった結果です。それが今のNさんの実力です。答えは、『ありがとうございます。また期待していてください』ですよ」

「ああ！　そうですね。俺のいつもの弱さが出てました。心のどっかで次が良くなかったらどうしようと、逃げているんですね」

それからというもの、Nさんは比較的スムーズに自己暗示ができるようになり、別のレースでS級の選手と一緒に走ったときなどは、ここのところ勝てていない選手だったこともあり、「何となく相手から負けのオーラが出ているのが分かって、俺自身まったく負ける気がしなかったです」と言っていました。

どんな"want"を持つのもその人次第。周りが押し付けるようなものではありません。しかし、それが現状維持や目標そのものを低めに設定しているようなら、心のどこかで本当の"want"を抑えているのかもしれません。特に他人の影響を受けやすい「ストレスフリータイプ」や「受け身タイプ」はそうです。

私はそういう場合、その人の"have to"も、その人らしさの一部であると捉え、"have to"の中から少しずつ、抑圧された"want"を探していきます。

すると、"have to"の中から「こうだったらいいな」という形で小さく"want"が顔を覗《のぞ》かせるのです。

20

毎日「気づきノート」をつける。

自分で自分の"want"を探っていく場合には、「気づきノート」を使うのがお勧めです。これは毎日、自分の夢や目標について感じたこと、思ったことをノートに書くというシンプルなやり方です。

ポイントは未来のほうへ意識を集中し、イメージを拡げていくことです。

メンタルトレーニングでも、クライエントから「"want"を見つけるために、何かやったほうがいいことってありますか？」と聞かれたときには、「毎日の生活の中で、何か気づきがあったり、思いついたことがあれば、その都度メモしてみてはどうですか？」と伝えます。

メンタルトレーニングで気づいた無意識の感覚や体感を言葉にし、ノートをつけることで自分なりに意識づけしやすくなるからです。

自主的に「気づきノート」を始めたクライエントのCさんは、最初1日に1、2行書くので精一杯でした。しかし、日を重ねるうちに毎日10ページ以上も書くようになりました。気づくことが増えて、毎晩1、2時間かけて書くことが楽しくて仕方ないというのです。

ただ、たくさん書くようにはなったものの、当初は思いついたことをそのまま書いている状態でした。そこで私からは、「書くときに、何に対してどう感じたのか、そして自分の未来をどう変えたいのかを、順にノートを左右のページに区切ってそれぞれ書き込むといいですよ」と伝えました。

Cさんは、それからノートを区切って整理しながら書くようになりました。すると、頭も心も整理され、客観的に自分を伝えられるようになっていきました。家族から「話が最近、凄く分かりやすくなった。しかも、とても前向きだし、何だか明るくなった」と驚かれたそうです。

毎晩、Cさんは自分の内なるイメージにフォーカスし、それをノートに書き出すことで潜在意識に変化が起こりました。そしてさらに、外へ向かって伝わるメッセージを表現できるようになったのです。

21

「メンタルリハーサル」を行う。

自分の"want"が見えたら、次はイメージを具体化させ、夢や目標の形にまとめていきます。夢や目標は、ビジョンとかミッションと言い換えてもいいでしょう。つまり、自分にとって人生を懸けて成し遂げたいことです。「オリンピックに出場する」「自分で事業を興して会社を上場させる」などなんでもいいと思います。

大事なのは、そういう夢や目標を、具体的なイメージと結びつけることです。言葉は抽象的でもいいのですが、必ずその言葉の裏には具体的なイメージが必要です。

また、"want"に根差した夢や目標を達成したとき、自分以外に喜ぶ人が多ければ多いほど、本人の"want"の原動力は大きくなります。そのビジョンがより多くの人が共感し、賛同しやすいものなら、多くの力が集まってくるのです。

いつ、どんな場所で、誰と一緒に、自分が何をしているのか。そのとき、心の中ではどんな感情が湧き上がっているのか。目標を達成したその後、何をしたいのか、何を感じているのか。

このように未来をできるだけ具体的に心に思い浮かべることを、メンタルトレーニングでは「メンタルリハーサル」と呼び、とても重視します。

たとえば、アスリートであればオリンピックで金メダルをとった場合、表彰台の上で国旗が上がるのを見ながら、どんな気持ちでいるのか。直後のインタビューでは何を話しているのか。さらに、自分のコメントがテレビや新聞で伝えられ、世の中にどんな影響を与えているのか。その一言がひょっとしたら、病気と闘っている子供に届き、勇気をもらったと笑顔になっているかもしれない、と想像してみるのです。

また、起業家であれば、会社を上場させて巨額の資産家になったとして、その資産をどう使うのか。途上国に小学校をいくつも建てるプロジェクトを立ち上げ、たくさんの子供たちが喜んでくれ、その子供たちから毎年、嬉しい報告の詰まった手紙が届くところを想像してみるのです。

単に金メダルをとりたいと思っている選手と、イマジネーションをどんどん膨らませていくことでその先のビジョンを思い描き、病気の子を勇気づけたいと思うところまで想像している選手では、本番でのパフォーマンスに違いが出ます。

起業家であれば、単に自分の資産を増やしたいという人と、社会の矛盾を解決するために、私財を投じたいと思うところまでイメージできている人では、事業への思いに歴然とした差が生まれます。

実は、"want"の次元が低いと、自我に囚われ、感情の波にのまれやすくなります。ところが、社会にどのように貢献するかというところまで"want"の次元を上げると、それは使命感へと変わり、より大きなエネルギーが湧いてくるのです。

"want"はもともと個人レベルのものですが、そこから社会的な使命感やミッションを創り出し、社会において自分を機能させることができれば、社会との繋がりが拡がり、再びあなた自身を活性化してくれるでしょう。

22

未来の「感情記憶」で自己イメージを強化する。

プロ野球の阪神タイガースや北海道日本ハムファイターズでプレイした新庄剛志さんがよく、「いつもベンチでは、次の回にどんなプレイを魅せようか、ワクワクドキドキしながら考えているんです。明日の新聞一面を飾る自分を意識してますから」と言っていました。

そういった心構えで次の一打をどう打つか。彼は常に新聞の一面を飾る自分を思い浮かべ、イマジネーションすることができていたのです。どんなふうにファインプレイを魅せようかと未来を待ち構え、自らチャンスを掴《つか》みにいく彼の華やかなプレイスタイルは、そうして創り出されたのだと思います。

夢や目標のイメージが常に明確になっていると、いざそれが近づいてきたとき「あ、これが自分が思い描いていたシーンだな」とか「イメージと同じシチュエーションだな」

と潜在意識が自動的に反応します。目に見えないものに瞬時に反応する、心のアンテナが立っているからです。

ただ、人間は忘れやすい生き物なので、本当の"want"に基づく夢や目標が設定できたとしても、忙しい日常の中でいつの間にか、つい優先順位が変わってしまうことがよくあります。

そこで大事なのが、**未来の「感情記憶」を創る**ことです。**上手くいったときの感情を何度も思い浮かべ、イメージの中で記憶として定着させる**のです。

潜在意識では現実も空想も区別されませんから、未来の感情記憶は強力な刺激となって、心を活性化させます。

さらに、必要なとき、そのイメージや感情記憶をすぐ呼び起こせる「心のスイッチ」を創るとよいでしょう。チャレンジが上手くいかず、モチベーションが上がらなくなったときや、失敗が続いて心が折れそうになったときなど、"want"のエネルギーによる自己発電装置を稼働させるため、そのスイッチをいつでも押せるようにしておくのです。

サッカーの長谷部誠選手は、試合会場に入る前には必ずミスターチルドレンの「終わりなき旅」を聞くそうです。これはスポーツ心理学では、「サイキングアップ」と呼ばれている手法です。イメージや感情記憶を呼び起こす「心のスイッチ」はこれと同じで、心理的ウォーミングアップの効果を狙うのです。

好きな音楽、映像、言葉、香りなどを用意し、それを楽しみながら"want"に基づく夢や目標をイマジネーションする「心のスイッチ」トレーニングを、ぜひ試してみてください。

23

人間ウォッチングで成功サンプルを集める。

"want"に基づいた夢や目標のイメージは、ビジュアルのサンプルを集めることでより明確になっていきます。

現代人は五感の中でも視覚を使う機会が特に多く、その割合は80パーセント以上だと言われています。視覚的なモデルがあると潜在意識が刺激され、未来の自分により現実味を持たせることができます。

自分の周りにいる人をウォッチングし、「こうなりたい」と思うような人の恰好やしぐさ、言葉をメモしましょう。ときには鏡の前で真似をしてみたり、言葉を口にしてみるのもいいでしょう。堂々としている人、優雅に見える人、それぞれに何かしら特徴的なところがあるはずです。

仕事で成功したいという夢を持っている女性なら、その夢を実現しているキャリアウーマンを見つけ、その人の立ち居振る舞いや話し方、ファッションを観察するだけでなく、できれば直接、これまで読んだ本やいつも目を通す雑誌、聞いている音楽などを尋ねてみましょう。

そういう多種多様に実在する型を覚えて、自分の引き出しにしまっておくのです。理想とするサンプルをたくさん持っているほど、自分の夢や目標のイメージが豊かになります。するとあなたの"want"のエネルギーがどんどん増幅されて、いつの間にか自分も同じような行動や発想ができるようになります。

イマジネーションの限界が、人間の能力の限界です。

イマジネーション次第であなたの未来は変えられます。たとえ将来の自分のイメージについて今、何も描けていなくても、ゼロから創り出すことができます。過去をやり直すことはできなくても、新しい未来を自ら創り出すことはできるのです。それは全部、心の法則にかなっていることなのです。

24

演技だと思い、なりきる。

自分の将来のイメージが明確に描けるようになったら、そのイメージにあなた自身がなりきって演じましょう。

そうすれば、他者から見たあなたのイメージは、意外なほど簡単に塗り替わります。あなた次第で他から見たあなたの印象は変えられます。心の根っこが変わると咲かせる花が変わり、周囲の見る目も変わるのです。

「なりきるなんて自分には無理」と思う人もいるかもしれません。

そういう人は、「なりきる」のではなく「ちょっと演技してみる」くらいの意識でやってみるといいと思います。

変に自分を変えよう、改造しようとすると、心のホメオスタシスが働いて抵抗が生まれます。性格というのは、なかなか変わるものではありません。あなたの性格を変えるのではなく、「これは単なる演技であって、いつだってすぐいつもの自分に戻れるんだ」と考えるのです。そうすると抵抗がなくなり、むしろ本来の自分とはまったく違うキャラクターでも、楽しんで演じられるはずです。

演技の世界では、泣いたり笑ったり怒ったりという表情をつくると、本当にその感情が後から生まれてくるということが知られています。

顔の筋肉は今の実際の感情を表現することができますが、顔の筋肉から脳に信号を送ることで今の気持ちを変えることもできるのです。

また、自分が呼び戻そうとする感情が詰まった過去の経験や未来の出来事を思い描くことで、特定の感情が起こったときと同じように姿勢、表情など肉体は動きます。

これはロシアの演劇人スタニスラフスキーの「メソッドアクティング」と呼ばれる考え方で、今では演技技法の基礎となっています。彼によると、「肉体表現の数だけ、感情のニュアンスも違う」とされます。

大切なのは、演じることそのものではなく、演じることで得られる感情です。

日常の上では、ある感情や気持ちから、言葉や態度が出てくるのですが、演技ではそれを意図的に逆にすることで、表情やアクションによって感情を観客に伝えます。不思議ですが人間にはそういった能力があり、表情や態度から感情を創り出すことができるのです。この能力は別に役者だけの特徴でもなく、どんな人も皆持っています。

優しい人間になりたかったら、優しい態度や言葉遣いをする人物を思い描き、意識的に行うのです。自信に満ちた人間になりたかったら、自信に満ちた態度や言葉遣いをする人物になりきって、意識的に演じてみるのです。

体の使い方、表情の創り方、言葉の使い方などを意識していると、それに対応した感情を生み出すことができ、順応度の高い「心」を持てるようになっていきます。

その結果、自分は優しい人間だ、自信に満ちた人間だと思えてきます。そして、周りもそういう人物として扱うようになってきます。

私たちが今「現実」だと思っていることも、実は私たちの「心」が認識し解釈することによって、成り立っているものだと言えます。

そう考えると、自分にとっての在りたい未来のイメージを強く信じ、それを演じることで現実化していくことは、決して不思議なことではありません。

あなたは自らの人生の台本をつくる脚本家であり、その主人公を演じる俳優であり、それを演出する監督でもあるのです。

どんなイメージで、どう振る舞うか、どう魅せて伝えていくかは、あなた次第です。

25

"want"の原点に立ち返る。

F君は20歳の大学生で、小学生の頃から始めた卓球では全国レベルの選手です。

初日、母親と一緒にメンタルルームを訪れた彼は、ひどいスランプの状態にありました。大学ではダブルスの選手として早くからレギュラーになったものの、最近は結果が出ず、ラケットを見るのも苦痛になっていました。結果を出せない自分に対して、否定的な気持ちになり、ひどいストレスを感じて、練習中嘔吐《おうと》することもあるといいます。

「ラケットに触りたくない。でも、僕から卓球をとったら何も残らない。前のように楽しくやりたい。だけど……」と堂々巡りをしていました。勝てない自分はダメな自分。惨敗し負け続けたことで、彼の自尊感情が崩壊していたのです。

「勝ちたい」という"want"が、「勝たなければならない」という"have to"にすり替わって、すっかり囚われの身になっていました。

彼の不調の原因のひとつは、友人だけでなく、ダブルスのパートナーともコミュニケーションが上手くとれないことでした。一見、もの静かでクールなようでいて、神経が細やかで感受性が強く、些細《ささい》なことにも反応してしまい、感情のコントロールが利かず爆発してしまうのです。そんな自分に嫌気が差して自責的になり、人を避け、孤立してしまう悪循環を繰り返していました。

そんなF君の"want"は、はっきりしています。試合でのパフォーマンスのレベルを上げて勝つことです。そのためにずっと、一日も休まず毎日練習に励み、ハードな練習をこなしてきたのです。

私は、彼のこれまでの頑張りを、この躓きで無駄にしたくないと強く思いました。彼にとって、卓球は人生の大切な財産です。そのときの彼は、それすらも否定しようとしていました。彼のようにひとつの道を突き進んできた人間にとって、途中での不本意な挫折は人格にまで影響を与えてしまいます。だからこそ、卓球を通して、自分への信頼を取り戻してもらいたい、そう強く感じたのです。

スランプの状態において重要なのは、将来の自己イメージです。

「将来、どうなりたい？」と聞くと「できることなら、実業団で卓球をずっと続けたい。そう思ってやってきたんです」と彼は答えました。

実業団から声をかけてもらうには、何より大学の試合に出てアピールすることです。そのためにはダブルスのパートナーはもちろん、卓球部の他の部員とももめたりせず、レギュラーのポジションを維持しなければなりません。

けれど、彼は「一人でやったら上手くいくのに、ダブルスはパートナーにもの凄く左右されてしまう」と訴えます。パートナーに足を引っ張られるというイメージが潜在意識に深く入りこんでいるため、相手のミスにばかり気を取られ、感情的になり、つい相手を非難してしまうのです。

トレーニングでは、そういう周囲への不満をいったん忘れ、今まで卓球をやっていて楽しかったときの気持ちを繰り返し思い出してもらいました。それが彼にとっての"want"の原点だからです。

現実があまりに辛いとき、スランプ状態に陥ったときほど、その環境にいる無力な自分を、心の次元を上げて見つめることが必要です。もう進めないと思う障壁が、目の前に立ちはだかったとしても、過去の成功体験、そして未来のなりたいイメージに思いを馳せることはできます。そして、現状の捉え方を変えることができれば、必ず抜け道は見つかります。

F君は、部の中で誰もダブルスのパートナーになってくれなかったとき、「ぜひ組ませてほしい」と今のパートナーが一人、手を挙げてくれたことを思い出しました。

そうであれば、そのときの感謝の気持ちを持って接する。自分のほうから積極的に声をかけ、やる気を引き出してあげるようにする。試合でも、「今日は何だか調子よさそうじゃない」と持ち上げ、ミスしても「今のは仕方ないよ。気持ち切り替えていこう」と前向きに振る舞うイメージを伝えました。

トレーニングを始めてしばらくすると、彼の言動が急激に変わっていきました。すると、パートナーとも調和し始め、自然に気持ちよくプレイできるようになり、ダブルスの試合で初優勝しました。

何より彼自身、「どんなパートナーであっても、自分が上手くコントロールしていけばいいのだ」ということに気づき、普段の練習においても、さほどストレスをためることがなくなりました。結果的に自分のプレイにゆとりが出てきて、部内トップの実力を持つ先輩から「自分と組まないか」と誘われるくらいまで、周囲の見る目も変化しました。

誰しも目の前の問題に気をとられていると、つい自分の本当の"want"を忘れてしまい、袋小路に入り込んでしまうことがあります。

自分の成功体験をもう一度しっかり思い出し、自分本来の"want"を確認し、再燃焼させることはとても大切です。

26

「16ワードによるフォーカシング」で"want"に名前をつける。

無意識の"want"を見つけ出す際、欠かせないのがワクワクドキドキの源泉である"want"を言語化することです。

そのために私が、メンタルトレーニングでよく使っているのが「16ワードによるフォーカシング」です。

これは次のように、自由にイメージしながらいろいろな言葉を思い浮かべ、イメージと体感をひとつに絞り込んでいくトレーニングです。

①16個の形容詞を思いつくままランダムに書き出す。

②たまたま並んだ2つの形容詞から連想する名詞をひとつずつ書き出し、8個の名詞にする。たとえば、「美しい」と「遠い」という形容詞があれば、「美しい」というイ

メージと「遠い」というイメージを思い浮かべる。そして、「美しい」をビジュアル化して体感し、同じように「遠い」というイメージを創り、2つのイメージを重ね合わせる。そのとき生まれる体感をビジュアル化し、また言語化する。

③8個の名詞のうち、2つずつ自由に組み合わせ、そこから連想される名詞を4個書き出す。何を使うかが問題ではなく、8つから4つになる際、どんな言葉が導き出されるかが重要。

④4個の名詞のうち、2つずつを自由に組み合わせ、②と同じように、イメージと体感を使いながら、連想される名詞を2個書き出す。

⑤2個の名詞にそれぞれ形容詞をつける。再度フォーカスしていくことで、よりリアルな表現となり、明確化される。

⑥それらの形容詞のついた2個の名詞から、連想されるイメージを言語化し、フレーズにして書き出す。このラストの工程では、2個の名詞を重ね合わせたイメージをじっくりと体感していく。その感じを言語化するということを何度か繰り返し、イメージと体感がピタッと嵌《はま》るまで続ける。

このようにいくつかの形容詞や名詞の間で、2つのイメージを組み合わせ、新しいイメージにしてそれを言語化し、その世界に体感として入り込んでいきます。

実は、メンタルトレーニングにおいては常に、このフォーカシングという技法をフル稼働させているといっても過言ではありません。

その際、私がフォーカスするのは目に見えているクライエントの姿ではなく、聞こえてくる声でもなく、その言葉を生み出している源《みなもと》である潜在意識です。

クライエントと会話をしながら、相手の潜在意識の情動を感じ取り、言葉にして差し出していきます。クライエントはその言葉を手掛かりに、普段使っていない潜在意識にアクセスし、自らの"want"を探すのです。

この「16ワードによるフォーカシング」は、そうしたメンタルトレーニングの潜在意識へのアプローチを自分一人でもできるようにしたものです。

そこで浮かび上がってくる言葉はいつも同じとは限りません。むしろ、毎回違っているほうが正しい結果といえます。

人間はバイオリズムに応じて気分も変動します。モチベーションが上がっているとき、逆に気分が落ち込んでブルーな気持ちのとき、あなたの潜在意識で、どんな"want"が動いているのか知るため、「16ワードによるフォーカシング」を繰り返し行ってみてください。

16 ワードによるフォーカシング

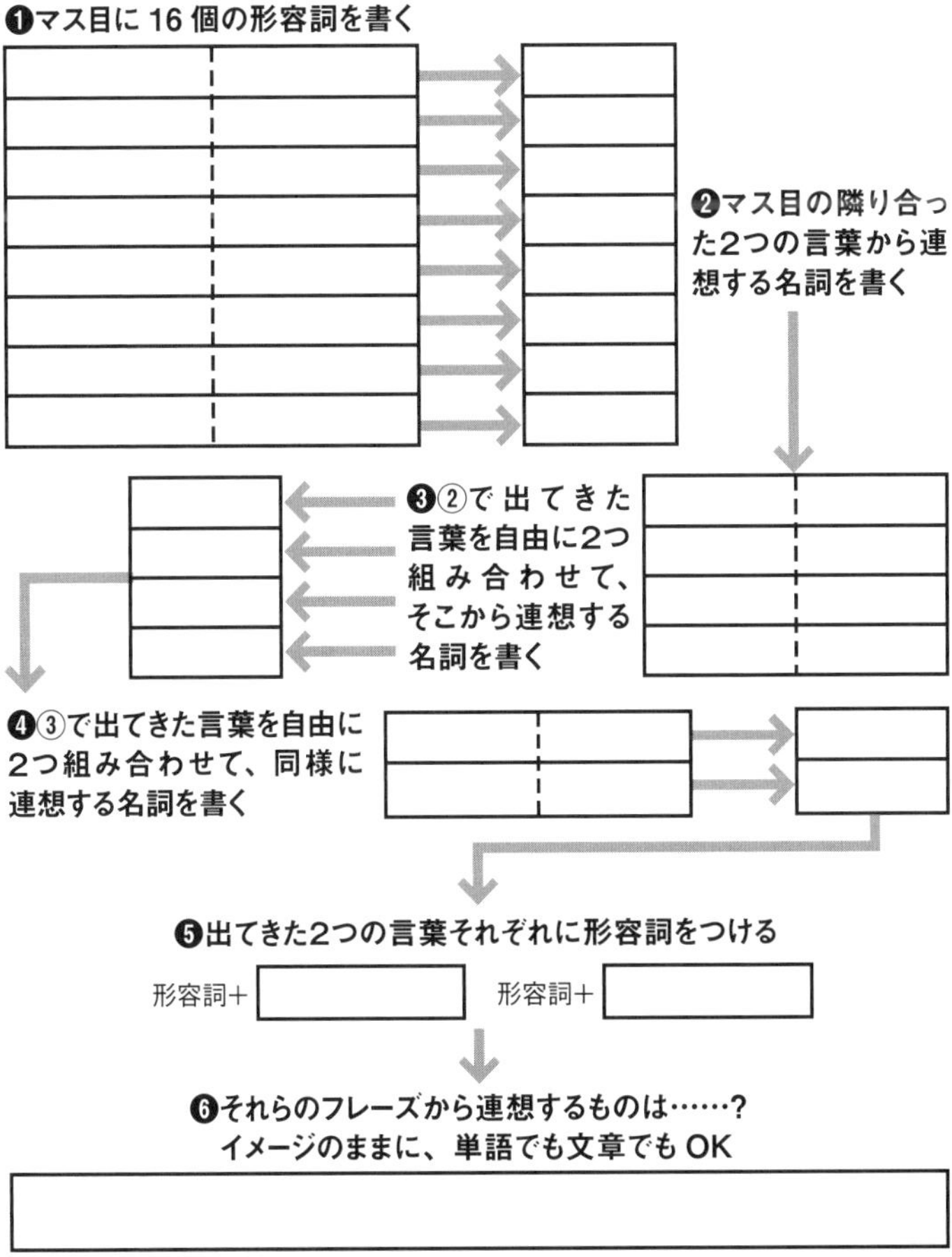
❶マス目に16個の形容詞を書く
❷マス目の隣り合った2つの言葉から連想する名詞を書く
❸②で出てきた言葉を自由に2つ組み合わせて、そこから連想する名詞を書く
❹③で出てきた言葉を自由に2つ組み合わせて、同様に連想する名詞を書く
❺出てきた2つの言葉それぞれに形容詞をつける
形容詞＋
形容詞＋
❻それらのフレーズから連想するものは……？
イメージのままに、単語でも文章でもOK

慣れるまでは、潜在意識にアクセスすることを自分から拒むといったことが起こります。

自己抑制が強い人の場合、最初の16個の形容詞を書き出すのに、1時間くらいかかることがあり、P105の図中の④、最後の4つから2つにまとめるあたりでは予め《あらかじ》自分で答えを導いてしまうケースもあります。これらは顕在意識が生み出した"have to"の働きによるもので、潜在意識の"want"を抑え込もうとしているのです。

ペンがぴたっと止まり、イメージが浮かばず「何て書こうかな」と頭で考え始めたら、「あっ、顕在意識が抑えようとしているな」と自分で気づきましょう。そんなときは極力何も考えずに、心に浮かんできたまま気楽に書いてください。

「16ワードによるフォーカシング」をするのにベストなタイミングは、顕在意識と潜在意識の狭間、いわゆる「変性意識」といわれる状態にあるときです。これは、日常生活でいえば、眠りにつく直前の状態や、朝起きてボーッとしている状態です。とにかくリラックスしながら自分の心に触れていくことがポイントです。

27

共感覚トレーニングで無意識を活性化させる。

自分の"want"を探すには、五感を総動員することがとても大切です。「16ワードによるフォーカシング」も自分の感覚を統合し、心を活発に動かすことをスムーズに行うためのトレーニングです。

"have to"の囚われから解き放たれ、"want"を見出していくためには、自分の心を感じること。そして、既成概念に囚われない「感じる力」を鍛えていく必要があります。

そのためには、共感覚トレーニングをするのも効果的です。

「共感覚」とは、「音」に「色」を感じたり、「形」に「味」を感じたりすることです。言葉で説明すると難しく感じてしまうかもしれませんが、トレーニングによって必ずスムーズに使いこなせるようになっていきます。

たとえば、セミナーのグループワークなどでメンバー同士、相手を色でたとえてみたり、色と香りを組み合わせて表現してみたりして、一番しっくりくる表現を見つけていきます。

朝起きたら、その日の天気を嗅覚で表現してみるとか、リンゴを目の前に置いて、そのリンゴについてのいろいろなキーワードをあげながら1分間語ってみたりするのもいいでしょう。

意識的に今まで着たことのない服を着てみたり、食べたことのない料理にチャレンジしてみるのも、共感覚トレーニングのひとつです。いつもと違った発見や感動があれば、そのときの感覚や印象を体全体で受け止め、言語化してみましょう。表現を工夫することでいつもと違う普段使わない感覚を動かすので、もの凄く心が活性化していきます。

このようにトレーニングし、凝り固まってしまった感受性をほぐしていくと心に囚われがなくなり、自由にイメージできるようになっていきます。慣れてくると、ある感覚を別の感覚に結びつけることが、自然にできるようになります。たとえば淹《い》れたてのコーヒーの香りをかぎながら、その香りを手触りや音として受け止められるようになっていきます。

共感覚トレーニングは、言葉を使って顕在意識と潜在意識を行き来するトレーニングでもあります。自分を客観的に眺め、さらに目に見えないものを感じていくことで、心の次元を上げることにも通じるのです。

28

本当の"want"を見分ける。

日常生活の中で"want"を探していると、「そうだ、あれをやろう」「そういえば、これもしたい」といった感じでいろいろな候補が見つかることと思います。その中には、あなたの本当の"want"もあれば"have to"が形を変えた偽りの"want"も紛れ込んでいます。

その中から本当の"want"を見分けるにはどうしたらいいでしょうか。

一番シンプルな方法は、**自分の気持ちがワクワクドキドキするかしないかで見分ける**ことです。その「やりたいこと」について考えると、顔が自然にほころんでくるなら、それがあなたの本当の"want"です。いわゆる顔が「ニヤケル」感じです。

トレーニングの中で本当の"want"を見出せたクライエントは、「何だか顔がニヤケちゃいますね」「今日帰ったら、さっそく始めます」「仲間に今すぐにでも伝えたい」と、その瞬間から駆け出したい気持ちになります。

逆に、その候補が自分にとって"have to"でしかないのであれば、それをイメージするだけで心臓がバクバクして、締め付けられるような感じになったり、不安でヤキモキしてきたりします。

潜在意識は素直に反応します。そのサインを意志の力で抑え込もうとして"have to"を優先させようとしても、心が反応しなくなる。それがいわゆる〝うつ〟の状態です。だからこそ、そういう偽の"want"には注意しなければなりません。

私たちは日常生活の中で、頭と心と体がばらばらになりがちです。特に仕事においては、いろいろな制約の中でやりたいことを抑圧し、心はヘトヘトになっています。心は無視されてやりたいことをできずに、だんだん抵抗するのも疲れ果て、感じないようになっているのです。そうしたときには、静かに自らと向き合うことでバランスを取り戻すことがとても大切です。

29

何かを得るには、まず何かを捨てる。

人生においては、「捨てる」という選択肢も重要です。それは、何を捨てて何を手に入れるのかという、決断の瞬間でもあります。

人間はどうしても、失うことに目がいってしまいます。

失うことは「失敗」と捉えられがちですが、「捨てること」＝「失うこと」では決してありません。得たいもののために自らの意志で捨てるのです。捨てるときは、潔く自らの意志決定で行うこと。自分の"want"に従って夢や目標を設定するときには、捨てることは不可欠なのです。

それはストイックに何かを我慢するという「捨てる」ではなく、自分が進もうとする方向に必要なものだけを、自ら選んでいくということです。

自分の時間を"want"に従って優先的に割り当てていくと、それ以外のものの価値が下がってきます。自らの決断で、潔く、捨てることができるようになります。

失うことを恐れる人は、過去を抱きしめて、未来の可能性から目を背けています。過去の自分に価値をおくのか、それとも未来の自分に価値をおくのかを考えてみることで今の在り方が変わってきます。


私も何かひとつ自分なりに大きな挑戦へと踏み出す度、「あ、また何かを捨てることになるんだな」という感覚がいつもあります。名古屋から上京したときも、女優の仕事を始めたときも、そしてメンタルトレーナーとしての道を歩み出したときもそうでした。

私はそんなとき、「私が私で在ることは変わらない」という言葉を自分にかけます。何かを失う瞬間も何かを得た瞬間も同じです。過去の自分にいつも「お疲れ様」と感謝する。未来の自分を勇気を持って信じてみる。そんな感覚が私にはあります。

究極は、苦しくても、切なくても、何もなくなったと思ったとしても、「今ここに自分がいること、存在していること」が真実であり、答えなのだと思います。

自分が在れば、また始められるし、信じていけます。問題なのは過去を失うことではなく、未来の自分を見捨てることです。

そういう生き方を、私自身が選んでいるのだと思います。失う代償と引き換えに、その覚悟がもたらしてくれる未来を信じたいと、いつもどこかで感じているからなのででしょう。

どんなに欲張りな人でも、人生において、新たに何かを摑もうとするとき、片手が塞《ふさ》がっていては摑めない瞬間がいつかやってきます。その瞬間がやってきたとき、あなたがその手を空けられるかどうかなのです。得ようとするものが大きければ大きいほど、同時に多くのものを手放さなければなりません。

そのひとつひとつの意志決定があなたの信念となり、あなたの心に自分軸を創っていくのです。

30

「自由と安定」の関係を考える。

ここで「自由と安定」の関係を一度、考えておく必要があるでしょう。「自由と安定」は往々にして矛盾するからです。

「自由」とは様々な選択ができることであり、他人の承認や評価に左右されることなく、人生の主導権を持つことです。同時に、自らの判断で選ぶ勇気が必要であり、結果に対する責任も生じてきます。その緊張感や重圧は、ときとして大きなプレッシャーになります。

ある意味、不安定な状態といえますが、不安定だからこそ得難い魅力があり、尊いともいえるでしょう。

一方、「安定」は挑戦や変化をなるべく避け、安心と安全を確保することです。「寄らば大樹の陰」というように大きなもの、力のあるものに依存するのが典型で、自由な判断や選択は限られますが、その分、プレッシャーも少なく気楽です。

どちらを選ぶかは、人によって違うでしょう。多少不自由であっても、豊かで安定した人生がいいという考えもあると思います。安定を求めることは、十分価値のあることだと思います。自分の生き方を決めるのは、あくまで私たち一人ひとりに与えられた自由な権利です。

自分の中の「こう生きたい」という思いが、その人の美学となり、哲学になっていくのです。その上で、社会とどう交わるのか、どう自分が社会の中で機能していくのかが何より重要なことです。


私自身は、たとえ不安定であろうと自由な人生を自分の力でクリエイトしていきたいと考えています。今在るものと今在る状況から、何を生み出し伝えていけるのか。それを常に自分自身に問いかけながら、自分を試して生きる表現者で在り続けたいと思っています。

あなたは人生において自由と安定と、どちらをより大切にしますか？

大切なのはあなた自身の選択です。

chapter-4「囚われ」からの解放

31 自分の過去に囚われない。

人間は誰しも生まれて成長していく中で、様々な経験をし、知識や情報を吸収していきます。それらの多くは人生に役立つ有用なものですが、中には自分の「心」の重荷となり、マイナスの影響を与えるものもあります。

それに心が囚われてしまうと、なかなか抜け出せなくなってしまいます。

代表的なもののひとつが、「過去」への囚われです。

野球の外野手のケースでお話ししましょう。

たとえば以前、重要な場面でなんでもないフライを取り損ね、チームが負けたことがあったとします。次に同じような状況でフライが飛んできたとき、その失敗シーンが心に浮かぶとその瞬間、選手の体が硬直します。

さらに同じような失敗が続くと、「あれ、グラブはこういうふうに出したっけ？」「構えはいつもこうだったよな」と、いろいろ頭で考え込むようになって、本来の感覚でプレイできなくなってしまいます。

過去の失敗を引きずって、今目の前にある現実への対応がつい遅れてしまう。これが過去への囚われの典型的なパターンといえるでしょう。

心の囚われ方は、chapter-2で説明したメンタルタイプによっても違いがあります。たとえば、自己否定の傾向が強い、受け身タイプやストイックタイプでよく見られるのが、**無自覚な「自己無能感」が生み出す、劣等感への囚われ**です。

会社員のJさんもそうした劣等感に囚われていました。

Jさんが勤める会社の東京支店に最近、自分より年下の課長が赴任してきました。それも、若くして認められたとても有能な女性です。

それからのJさんは、仕事で些細なミスが多くなり、その度「何でこんなことができないんですか」とその課長から叱責《しっせき》され、だんだん彼女に対して反感を募らせていきました。そしてついには、「会社を辞めたい」と口にするようになりました。

しかし、よく聞くと実はJさんのほうが先に、上司の反感を買うような行動をしていたのです。彼女の過去の仕事やプライベートを社内の同僚に尋ね歩き、アラ探しをしていたようなのです。

これは、Jさんの無自覚のコンプレックスの仕業《しわざ》です。Jさんは、上司の有能な仕事ぶりに対し、知らず知らず嫉妬《しっと》を募らせていたのでしょう。仕事のミスを指摘されることで、潜在意識に潜んでいたコンプレックスが刺激されてしまったのです。

自らのコンプレックスと向き合いたくない、認めたくない。これが、Jさんが会社を辞め、逃げたい本当の理由でした。

そこで私は、Jさんの潜在意識の動きについて伝え、逃げたい本当の理由は職場でも上司でもなく、自分自身のコンプレックスなのだということに触れていきました。

そして、上司に謝罪の手紙を出してみるのはどうかと提案しました。探るようなことをした点についてまず謝る。普段の勤務態度があまりよくなかったことについても、上司がうらやましく、嫉妬していたからなのだと説明する。その上で、これからは上司を目標に自分を高めていきたいという考えを真っ直ぐに伝える。

Jさんは、そうした正直な気持ちをまず手紙で伝えました。

その結果、課長もJさんが精神的によくない状態にあることを察知してくれ、以前のように頭ごなしに叱責するようなことはなくなり、勤務条件なども配慮してくれるようになりました。

このケースで障害になったものは、Jさんの心にある無自覚のコンプレックスでした。人のコンプレックスは非常に根深いものがあり、ときには人生を台無しにすることもあります。

コンプレックス自体はあってもいいのです。けれど、無自覚なものはコントロールが利きません。多くの被害者意識や逆恨み、被害妄想はこうした歪《ゆが》みから生み出されます。そして、本人にとっても周りの人にとっても、不本意な結果を生み出してしまうのです。

32

自分でつくったフレームを超えていく。

メンタルトレーニングを進めていくと、幼い頃親からよく言われたこと、あるいは学校での出来事などが思い出されることがあります。そうしたときにはひとつひとつ、当時の自分がどう感じていたのかを振り返ります。

すると、今「自分らしさ」と考えているものの原点が見つかります。

社会にはいろいろなタイプ、個性の人がいますが、多くの場合「自分らしさ」は、幼い頃に言われたことや出来事が大きく影響しています。しかも、その影響の仕方は、社会の平均的な価値観や「みんなが言っていること」に合わせるように作用しています。いつの間にかそうした常識のフレームに自分をあてはめ、その中に自分を閉じ込めているのです。

たとえばある職業に就き、その職業で当たり前とされる枠の中に身をおいて、フレームの範囲内で働いていると、安心と安全を得られるかもしれませんが、ときとして潜在意識に感じる制約や不自由さが表出してくることがあります。

何だか、無性に自分の人生が、退屈で色あせて感じることはありませんか？

そんなときには、**社会や他の誰かがつくったフレームに縛られず、自分を貫く勇気を持つ**ことです。職業人としての自分が、社会とどう繋がりを持っているかを意識して、フレームを超えようとしてみてください。

"have to"に囲まれながらも、自らの"want"を見出す生き方にシフトしようとする場合、今あるフレームが絶対ではないと感じ、「なぜ、～でなければならないか」「自分ならこうしてみたい」「こうしたほうがより良くなる」といった自由な創意工夫が自分の内側からたくさん湧き上がってきます。

フレームの中にいても、心のアンテナは外と繋がっていて、どんどん外の情報を取り入れるからです。

どちらを選ぶかはもちろんあなた次第です。今の見方を超えたい、何か変えたい、何かを見つけたい。そんな思いがあるのなら、目に見えないフレームの外へ出ていく勇気を持ってみてはいかがでしょうか。

自分でつくった「フレーム」を超えていく

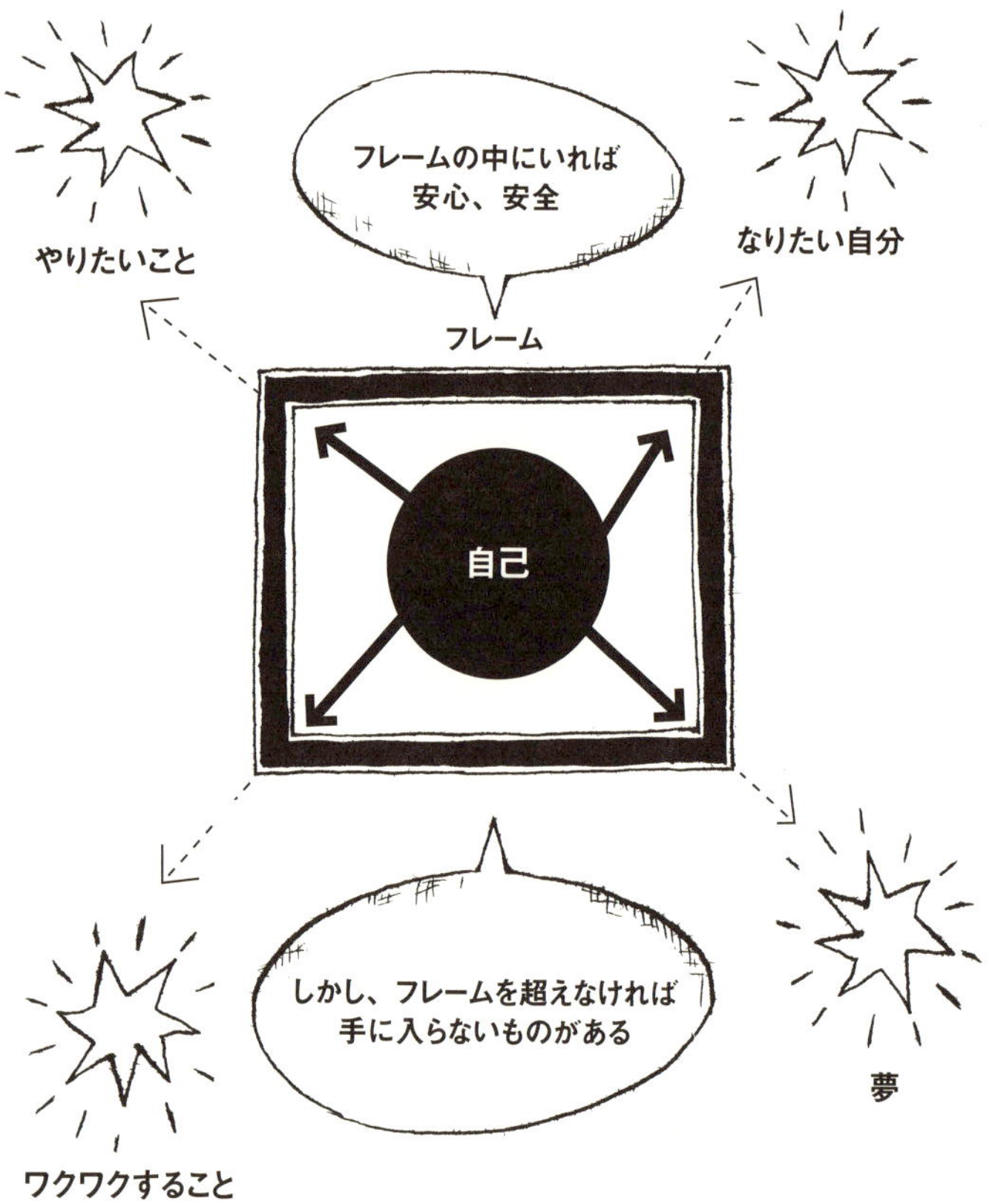
フレームの中にいれば
安心、安全
やりたいこと
なりたい自分
フレーム
自己
しかし、フレームを超えなければ
手に入らないものがある
ワクワクすること
夢

33

"want"と"have to"を混同しない。

心の囚われの中で特にやっかいなのは、無自覚の"have to"です。自分から欲したわけではないのに、"have to"をいつの間にか自らの"want"によるものだと思い込んでしまっているケースです。

Kさんは有名大学を卒業し、大手金融機関に勤めるエリートサラリーマンです。30代後半ですでに本社勤務になり、昇進は同期でトップクラスです。プライベートでも素敵な奥様と可愛い子供たちに囲まれ、マイホームも購入し、絵に描いたような幸せを手にしています。

それにもかかわらず、会社にいても家に帰っても焦燥《しょうそう》感が消えず、お風呂に一人で入っているときぐらいしか、安心できないといった症状を訴えていました。

Kさんは「仕事に以前ほど身が入らないし、やりがいを感じなくなってきて何だか目標を見失った感じがする」とおっしゃいます。

自分が信じてきた"want"のすべてが"have to"だったと気づいたことで、Kさんは揺らいだのです。それによってKさんにはさらに耐え難い不安感、恐怖心が生まれ始めました。

Kさんがある意味、不幸なのは、もともと能力が高く、何でもずば抜けて上手にこなし、周りもそれを称賛するので、いつしか外部の要請である"have to"を自らの"want"だと思い込んでしまったことです。それによりKさんの場合は、自らの原動力となるはずの"want"が皆無になってしまいました。

通常、人は自分の思いどおりに物事が進まず悩んだり、周りの評価に納得できず苦しんだりして、それが"have to"と"want"の違いに気づくきっかけになります。しかし、Kさんは能力の高さゆえ何事も思いどおりにこなし、挫折もなくここまで来たのです。

こうした場合、一度立ち止まって、意識的に自分の"want"をじっくり見つめてみることが必要です。

34

成功体験に囚われない。

「心」が囚われるのは、何もマイナスのものばかりではありません。成功体験が囚われの原因になるときもあります。

Wさんは長年、保険の営業で素晴らしい成績を上げてきました。彼の業界は契約高で収入が決まる、いわば実力主義の世界です。そんな中でWさんはまさにトップクラスの営業マンとして、自分なりの哲学、ポリシーを持ち活躍してきました。

ところが最近、会社側から現場を卒業し、マネジメントのほうへ移らないかと打診されました。頭では、次に進むべき人生のタイミングであることが理解できても、これまでのようなモチベーションが心の奥から生まれず、どこか投げやりな気持ちになっていました。毎年のように、前年の実績を更新してきたにもかかわらず、急に契約数が思うように伸びなくなり、初めて焦りや気力の衰えまでも感じていました。

Wさんに必要なのは、これまでの営業マン人生にある意味、区切りをつけることです。そこで、メンタルトレーニングでは、Wさんの潜在意識にある思いを表出していくという作業を繰り返しました。

Wさんにとっては、栄光に包まれた過去の成功体験そのものが、ある種の重荷になっていました。新しい道に進むことをためらう気持ちが、芽生えていたのです。

マネジメントのポジションにつけば、自分の成績だけを考えればいいというわけにはいきません。会社全体を見渡しながら、これまではあえて避けてきたようなメンバーと協力し、部下や新人などの指導育成もしなければなりません。

自分なりに、過去を今一度反芻《はんすう》し、うやむやにされていた潜在意識を整理していくことで、表情が生き生きとしてきました。契約のほうも最後の最後まで諦めず、前年とほぼ同じ水準まで巻き返し、伸ばすことができました。

私が特に重点を置いたのは、Wさんの心の次元を上げていくことです。

キャリアの階段を上がる際、自分の過去を一度客観的に見直すとともに、次のステップのさらにその先をイメージし、そこから現状を見直してみると、いろいろな気づきがあります。今まで自分が積み上げてきたものは、ここで終わりではなく、ずっと先へ続いていることが、未来の視点から理解できるのです。

35 現実逃避も囚われのひとつ。

現実からの逃避も囚われのひとつです。

現実逃避には大きく分けて2つパターンがあり、ひとつは内向的な気質により自分の内面や家庭に引きこもること。もうひとつは外向的な気質で、買い物やアルコール、過食など、外に向かうことです。

いずれにしろ、自分の目の前の現実ときちんと向き合うことができない根底には、何らかの心の囚われがあるものです。

20代後半の女性であるIさんは、高校時代から過食と拒食という摂食障害を繰り返してきました。一時は入院しなければならないほど、体重が減ったこともあります。その後、「このままではいけない」ということで、メンタルトレーニングに通い始めました。

今は見違えるほどに、元気な笑顔を見せてくれています。

彼女は、過食や拒食が良くないことは頭では分かっていました。しかし、過食することで自分の潜在意識に在る、埋まらない心の闇を埋めていたのです。彼女の空腹感はどんなに食べても食べても埋まることのない心の空虚、孤独感でした。

何回目かのトレーニングのとき、彼女は小さい頃の写真を何枚か持ってきました。母親と一緒に写っている写真でした。写真に写っている二人はどれも表情が硬く、ぎこちないことが気になりました。そのことを質問すると、「あ、お母さん……あんまり笑っている記憶ないですね」という答え。急に記憶が蘇《よみがえ》ったように話し始めました。

彼女が小さい頃、母親は病気がちでいつも辛そうにしていて、ため息をついていたそうです。

「お母さん、お父さんの分までいつも遅くまで働いていたんです。あるときお母さんの部屋を覗きに行くと一人でうずくまって泣いていたんです。私、そのとき、何だかとっても怖くなったのを憶《おぼ》えています。だから、甘えられなかった。私きっと甘えたかったんですね。でも、自分がしっかりして、お母さんを助けなきゃ、良い子にしていなきゃ、と自分に言い聞かせていたんだと思います」

Iさんの過食は中学生の頃から始まるのですが、親にはずっと言えなかったそうです。子供の頃の孤独と自己抑制が、そのまま大人になっても彼女の心を縛り、現実逃避へと駆り立てていたのです。

そんな彼女も、メンタルトレーニングを通じて「過食をやめられない」ではなく、心の奥底で「やめたくない」自分がいることに気づき始めました。さらに自己イメージは自分自身が創り出していることを知り、自分次第で変わることができるのだと日常の中で、実感を深めていきました。

そして、「保育士になりたい」という自分の"want"を見出したのです。

今では毎日自分の将来を思い浮かべ、ワクワクしながら、その夢に向かって歩き始めています。

36

〝低体温〟タイプは人助けをしてみる。

ロストジェネレーションと呼ばれる団塊ジュニアから下の世代は、生きる意欲や何かに向かうエネルギーが、弱くなっているのではないかと言われています。そしてバブル世代の親の姿を見てきたことから、とても堅実で、現状維持の意識が強い傾向もあります。

F君は巷でいう草食系男子をイメージさせる20代後半の青年です。就職はしていませんが、大学で物理学を専攻し、教授から研究室に残るよう誘われるほどの秀才です。

講師の道を勧められたのですが、彼は人前で話すことや表現することにコンプレックスを持っていて、興味が湧きません。かといって、誘ってくれた教授に正面切って辞めるということもいえず、卒業後はアルバイトとして、教授を手伝っていました。流されるばかりで、言いたいことを上手く言葉にすることができず、それでも「自分を変えたい」という気持ちがあり、メンタルルームにやってきたのです。

彼は、周りに振り回されやすい受け身タイプでした。

セッションを重ねるうちに、厳格な両親のもとで育ったことや、自己主張が非常に苦手なことが分かってきました。

"have to"がとても強いのです。彼の印象に残っている思い出は小学校か中学校まで。それ以降は、あまり日常において、感情を動かさなくなっていることに気づいていきました。

彼が訴えてきたのは「何事にもモチベーションが上がらず、情熱を燃やすことができない」ということです。

自分の未来のイメージについては、「やりたいことが見つからないんです。具体的に将来何になりたいとか、こうしたいというイメージがないんです。今はまだ確固たる自分が確立できていないので、夢や目標を設定してもすごく小さな夢、レベルの低い目標になってしまうかもしれないのが心配なんです」と話してくれました。

彼の場合、問題なのは自己評価の低さでした。自分に自信がなく、客観的なレベルよりずっと自分を低く見てしまうのです。

このような〝低体温〟タイプは、自分からあえて夢や目標を持たないようにしているところがあります。

F君が言うように、自分が確立できていないということもあるでしょうが、失敗したり挫折したりすることを恐れ、傷つくことを避けることで問題から逃げてしまうのです。意志決定を避け、何となく世の中や他人に流されることに慣れ、その状態に心地よささえ感じているのでしょう。

しかし、心の奥底では、決して現状に満足しているわけではなく、「自分らしく生きたい」「充実した人生を送りたい」という気持ちをしっかりと持っているはずです。ただ、それを自分でも上手く表現できていないだけなのです。

視野を拡げていくことで、誰かを手助けしたり、役に立ったりすることが自己肯定につながり、そこから"want"を見出していくことは可能です。

37

自分の口癖に注目する。

「囚われ」にはいろいろなパターンがあり、複数のパターンが組み合わされているケースもあります。しかし、いずれにしろ自分が何に囚われているのかを認識し、理解しなければ始まりません。そこで鍵を握るのが「言葉」です。それも、潜在意識にアクセスできる言葉です。

人は無意識に在る思いを言葉にして伝えます。また人からの言葉によって様々な気づきを得ます。つまり、言葉を介することで顕在意識と潜在意識を結びつけることができるのです。

通常、「囚われ」の対象は、本人にとってはあまり思い出したくない、他人にも触れられたくないものです。メンタルトレーニングではクライエントの語りの中で、強く肯定したり、逆に強く否定したり、他とは違う反応がみられる言葉に注目していきます。そうした言葉は触れられたくない何かへの反発や抑圧によって生まれていることが多いからです。

「囚われ」の対象は、顕在意識で強く抑えつけていたとしても、潜在意識の奥にはしっかり存在しており、ふと顕在意識のコントロールが緩んだときなどに、表に出てきます。

自分の口癖に注目するのは、そうした「囚われ」の対象を見つけ出すひとつの方法です。誰しも口癖があるはずです。少し意識して「あ、また言った」という瞬間を捉えてみる、周りの人に自分の口癖を聞いてみるなどして、探ってみましょう。

無自覚のうちに繰り返している言葉には、本人がこだわっていること、囚われている過去などが隠されています。

38

自分に起こる事象をすべて肯定する。

心理療法や心理カウンセリングの用語に「ラポール」という言葉があります。これはクライエントとカウンセラーとの間の信頼関係のことで、ラポールを築くことで、治療やカウンセリングはスムーズになり、効果を発揮します。

メンタルトレーニングにおいてもこれは同じです。私はクライエントとお会いするときはいつも、相手の潜在意識の奥にある"want"に意識を向けます。そして、潜在的に何を求めているのかということにフォーカスします。

メンタルルームにいらっしゃるクライエントは皆、どこかで失いかけた自分への信頼を取り戻しにきています。自分自身、否定しかけていた、けれど自分にとってはとても大切なものを認めてもらいたい、そして誰よりも自分が認めたいと思っているのです。

そうした「心」を、まずはこちらが無条件で信じていく。こうして、クライエントには自分を信じてみようという変容が起きます。その結果、クライエントとの間にラポールが生まれるのです。

これが実は、自分を肯定するということに繋がります。潜在意識の奥にある"want"を言語化し、言葉のチカラを与えることで、潜在意識は肯定されたと感じ、自己受容できるのです。

イイところ、ダメなところすべて含めて、あなたなのです。自分の今を信じられなければ、自分の未来を信じてみましょう。ほんのわずかな勇気とともに。


40代後半で、なお現役の格闘家として活躍しているUさんのケースです。

Uさんは非常に硬派なストイックタイプで、稽古《けいこ》では20歳の若手と同じメニューをこなしています。しかしその年、現役最後の大会に出場すると自ら決め、それに向かってメンタルトレーニングを行うことにしました。

Uさんは格闘技を通じてストイックに自分と向き合い続けてきた方です。勝つためにやれることは練習やトレーニングなど、余すところなく行ってきました。Uさんは「自分にずっと足りなかったのはメンタルのチカラでした。自分が20代のうちに先生のメンタルトレーニングに出会っていれば……」と何度か言われたのですが、その度、私は「今のUさんにしかできないことがあるはず。今がそのタイミングなんです。今そう思えたことがチャンスであって、未来に繋がっていくのです。40代の今しかできない闘いを魅せてください」と伝えました。

格闘家としてこれまで歩んできた生き様と、格闘技への誰にも負けない思いを、背中で見せる試合を行えばいいのです。

Uさんはまさに今、最高のステージに臨もうとしており、闘いの目的はもはやリングの上での勝ち負けを超えた、その先にある人生からの問いかけなのです。

メンタルトレーニングでは、Uさんのこれまでの格闘家としての自分の捉え方を振り返り、未来に自分が格闘家としてどう在りたいのかというビジョンを明確にしていきました。そして、自らの格闘家としてのサクセスストーリーをイマジネーションしてもらいました。

大会で優勝した後、マイクを持ってどんなメッセージを誰に向けて伝えたいのかということまで考えるのです。そのひと言のために彼は30年近く、格闘技をやってきたのです。それこそが彼の"want"なのです。

そうやって未来をイメージできた時点から、彼の中ではひとつ上の視点をとることができるようになり、自分に起こるすべての事象を肯定的に受け止め、揺るがない芯が創られていきました。

自分の人生が間違っていたかどうかは、誰かに決められるものではありません。自分が目の前の状況をどう捉えるか、どう評価するかで、その人の未来は変わります。

裏切られたと捉えれば失望の人生となり、チャンスに恵まれたのだと思えば、幸運の人生となるのです。

自分の人生を自らの決断で生きてゆけるのであれば、それがあなたの未来において、最善の人生になります。そこに後悔などは存在しないのです。

39

他人の「心」を想像してみる。

自らの心の視点を上げていくためには、他人の「心」を想像してみることが有効です。世の中には「自分に厳しく他人に甘い人」「他人に厳しく自分に甘い人」、そして「自分にも他人にも甘い人」「自分にも他人にも厳しい人」がいます。

Oさんは40代でお子さんが二人いる大手企業の部長ですが、最近、仕事のモチベーションが上がらなくなっていました。

お話を伺いながら、いくつかの性格テストをやってみた結果、Oさんは自分にも他人にも厳しいという特徴が顕著でした。なぜそんなに厳しいのか。その理由にOさんはまったく気づいていませんでした。実は、小中学校の間、通っていた学習塾が徹底的に追い込みをかける超スパルタ式だったのです。Oさんにとっては、そのやり方で成績を伸ばしたことが成功体験として強く記憶に残っているのでした。

会社に入ってからも猛烈に働いて成果を出し、同期の中ではかなり早く管理職になりました。しかし、自分が現場で業務を担当する能力と、部下を指導したり育てたりする能力とはまったく異質のものです。そのため、管理職になってからは次第にストレスがたまり、モチベーションダウンを起こしていたのです。

あるとき、家庭の話になりました。

「実は長男が、あまり勉強が得意じゃないんです。この前、テストで34点しか取れなかったんです。頭に来て、日曜日に朝から夜まで、徹底的に勉強をやらせました。次男のほうは要領がよくて、割と勉強はできるので、長男が解けなかった問題を目の前でやらせてみたら、スラスラ解いたんです。そうしたら長男が泣き出してしまったんですよ。さすがにやりすぎたかなと後悔しました」

Oさんは、息子さんの学力を伸ばしてあげたい一心だったのだと思います。その甲斐あって、長男は次のテストで68点を取って帰ってきました。しかし、そのときも「よく頑張った」ではなく、足りなかった32点のところを指摘したそうです。

68点というのは確かに、そこだけ見れば微妙な点数です。Oさんとしては「あれだけやったんだから当たり前だ。何で100点じゃないんだ」という思いだったのでしょう。

でも、そのことで長男が寂しそうな表情をするので、Oさんも心配になりました。

「いったい、どうしたらよかったんですかね」というOさんに私は、

「感情的に接すれば接するほど、今は伝わらなくなってしまいます。本人が勉強をすることで何を得たいのか、何を手に入れたいのかを明確にして、目的意識を持たせていくことです。そのためにも、これまでの息子さんではなく、これからの息子さんを信じてあげてください。まずOさんのこれまでの先入観やスパルタ式の勉強法をやみくもに当てはめるのではなく、彼の自分を信じる力を一緒に創ってあげてください」と伝えました。

「そうですね。自分のやり方を完全に押し付けていました。僕が『何でこれが分からないんだ』っていう度に、息子は固まってしまって……。そうですね。同じじゃダメですよね」

「勉強の楽しさを味わっていけるよう、できること、できたことを見つけて褒めてあげることは効果的ですよ」

「褒める……。なるほど。だから、この前の結果にダメ出ししたことで、えらくしょげてたんですね」

「息子さんの気持ちを想像すると、34点を倍に伸ばしたところを褒められたいのに、まだ32点分も間違えたと、できないところを指摘され、自分自身がっかりしてしまったのでしょう。そうではなく、『ちゃんとやったらこれだけできたんだから、もう少し頑張ったらもっといい点数が取れるんじゃないか』と言われたら、きっとすごくワクワクドキドキした気持ちになったはずです。そういう前向きの気持ちにフォーカスしてあげると子供自身の無意識が動き出し、どんどんやる気を引き出してあげられるんですよ」

Oさんは、深く頷《うなず》いていました。親は子供に対して、往々にして独裁的な王様タイプの言動をとることがあります。それは、子供を自分の一部として扱うことが原因で、自我の内側に大切な我が子を入れ守ろうとするからです。けれど子供には子供のパーソナリティがあり、それをどう伸ばしてあげるかが何より重要なのです。

子供にとって、一番身近なメンタルトレーナーになれるのは両親です。日常の中で、二人三脚で、子供の"want"を引き出してあげることがとても大切です。それには一歩下がって、子供の心を想像してみることが必要なのです。

これは会社で部下を指導したり、育てるときにも共通するリーダーシップの基本マインドです。

Oさんは子供との関係を見直すことで、上司として部下の心に寄り添うということ、そして想像することの大切さにも自ら気づいていったのでした。

40

"have to"を"want"から捉え直す。

大手化粧品会社の販売員向けに、「接客とメンタル」について研修を行ったときのことです。

そこで私が強調したのは、顧客に対して自分たちが提供すべきものは何かを深く考えてみる、ということです。

販売の仕事というのは、商品を売るものであると思い込んでいる人が多いと思います。研修を受けていた販売員の方たちは、高級ブランドの担当で、もともと商品単価がかなり高く、「これをたくさん売るのは大変だな」という気持ちがうかがえました。

しかし、考えてみてください。音楽や演劇などの世界では、形のないパフォーマンスが何千円、何万円というチケットとして売られています。売り物は、形ある商品ではなく、パフォーマンスに対する感動です。人はこの感動を味わいたくてチケットを購入します。実は、化粧品の販売においても、ユーザーが購入するのは形ある商品だけではなく、感動という「＋α」の価値なのです。私は販売員の方々にこう伝えました。

「皆さんがもし、商品を売らなければならないという"have to"の意識に囚われていたら、その仕事はまったく楽しくないでしょう。でも、お客様一人ひとりの個性に合わせて商品を提供し、キレイになってもらいたい、という気持ちで取り組んだらどうでしょう。化粧品の仕事に携わる以上、皆さんの心の奥にはきっと『女性をキレイにしたい』という"want"があるはずです。そもそも品質の高い商品に、そうした皆さんの"want"に基づくアドバイスや気配りといったパフォーマンスをプラスしたら、売れないはずがないのです。しかも、そういった『＋α』の価値は属人的なものですから、きっと指名買いが増えると思います」

すると、一人ひとりの"want"の原動力が稼働し始め、目が輝き出しました。「私にもできるかもしれない」という思いが能動的な表情を通して、伝わってきました。

発想を転換し、自分の心の奥にある「いいものを届けたい」という喜びを"want"発信で捉え直すことで、売らなければという目の前の"have to"に囚われた意識が解き放たれていったのです。

41

「未来の記憶」を創る。

ぬぐいがたい過去への執着や忘れられない辛い体験といった、ネガティブな記憶も塗り替えることができます。こうしたトラウマから解放される有力な方法は、過去の事実の解釈を変えることです。

確かに、過去の事実そのものは変えられません。しかし、大切なのは、過去の事実をあなたの心がどう受け止めるかです。自分にとって必要な経験として「だから、今があるんだ」というふうに、その捉え方は自分次第で変えていけます。

そうやって**「過去の記憶」を塗り替え、この先の自分が在りたい「未来の記憶」を創り出す**のです。

Aさんはアパレル企業に勤める20代前半の女性です。以前の彼女の悩みは、専門学校を中退してから20回近く、転職を繰り返していることでした。

簡単な経歴を書いてもらったところ、アパレル関係だけでこれまで6社変わってい て、勤務した期間は1週間とか1カ月、短いときは2日です。

「転職する度、初めは今度こそと思うのだけれど……嫌なことがあるとすぐ弱気になって逃げてしまうんです」

こうした彼女のそのマイナスな自己イメージを塗り替えるためにメンタルトレーニングでは、まず、過去の経歴についての解釈を変えることにしました。

A4のレポート用紙を縦に3等分し、左に事実関係を記入します。真ん中にはその当時、自分が感じていたことを書いてもらいます。さらに右側に、私とディスカッションしながらイメージした新しい解釈を書き込んでいくのです。

大切なのはこれまでの記憶に囚われず、ポジティブな気持ちで考えること。たとえば、高校卒業後、美容専門学校に進んだのですが、彼女の当時の現実的な理由は「大学を受験するのが面倒くさかったから」。しかし、見方を変えれば「4年間の学生生活を送るよりも、一刻も早く技術を身につけ、社会人として自分を生かしたかった」と考えることも可能です。

美容専門学校は3カ月ほどで中退したのですが、彼女が言う理由は「もの凄く課題が多く、ついていけなかったから」。これも、見方を変えれば「人を美しくしたいという思いで美容師としてのスキルを極めたかったけれど、自分には適性がないと気づいたので、視野を美容からファッションに広げ、時間を無駄にしないよう自らの意志で転身した」といえなくもありません。

さらに、アルバイト先を転々としたのは、彼女によれば「職場の人間関係のトラブルから逃れるため」ですが、見方を変えれば「できるだけ数多くのブランドの在り方を知りたかったから」とか、「実際は補助的な仕事しか任せてもらえず、もっと経営的な視点から店舗運営について学びたかったので」といった解釈だってできます。

こうして、ひとつひとつ過去の事実を思い出しながら、そのとき自分は何を考えていたのか、どう感じたのか、それにはどんな意味があったのか、という新たな記憶を創っていったのです。

この作業を続けるうち、Aさんの自己イメージは「自分を社会で生かすため、性格に合ったスキルを貪欲に吸収しようと常に向上心を燃やす人間」「状況に応じて、自ら意志決定して、自分が在りたい場所に身をおく人間」「常に未来を見据えながら、挑戦を続けている人間」という超ポジティブなものに変わっていきました。

トレーニング中、どんどんイマジネーションを膨らませ、

「すごい、これ私？　こういう女性、いいですね。会社の人事担当者なら、絶対とりたい人材！」

と、嬉しそうな笑顔で瞳を輝かせていました。

こうして創り出された自己イメージは、誰かに咎《とが》められる理由はどこにもありません。過去の事実は、何も変えてはいないからです。その事実を、彼女が自分でどう捉えるかということなのです。

彼女はその日を境に、マイナスの過去の転職履歴の囚われから解放され、あるアパレル企業の中途社員募集に応募し、見事採用されました。

42

「心の次元」を上げて感情を受け入れる。

自分の夢や目標がはっきりしていても、ときに「これでいいのだろうか」といった不安や迷い、未来に対する恐れの感情は生まれるものです。こうしたネガティブな感情を根本から消すことはできません。「心の次元」を上げることで自分の中で蠢《うごめ》く感情を受け入れていく必要があります。

心の次元が低いとつい感情の波にのみ込まれてしまいます。そうなると冷静な判断ができなくなったり、相手の言動に左右されたり、物事に取り組む意欲が低下してしまったりします。

「心の次元」を上げていくと、自分を客観的にみることができ、自分の思考や感情を上手にコントロールできるようになります。心の囚われから抜け出すことができ、どんどん自分軸で生きることができるのです。

さらに次元を上げると、社会の中で自分をどのように生かせばいいのか、そして機能させればよいかといった責任や使命といったことを考えるようになります。夢や目標の意味づけも変わってきて、より強い気持ちで未来の自分に挑戦していけるようになります。自分の"want"に従い、夢や目標を実現することが、そのまま社会への貢献になり、結果的に多くの人の役に立つのです。

「心の次元」を上げるイメージ

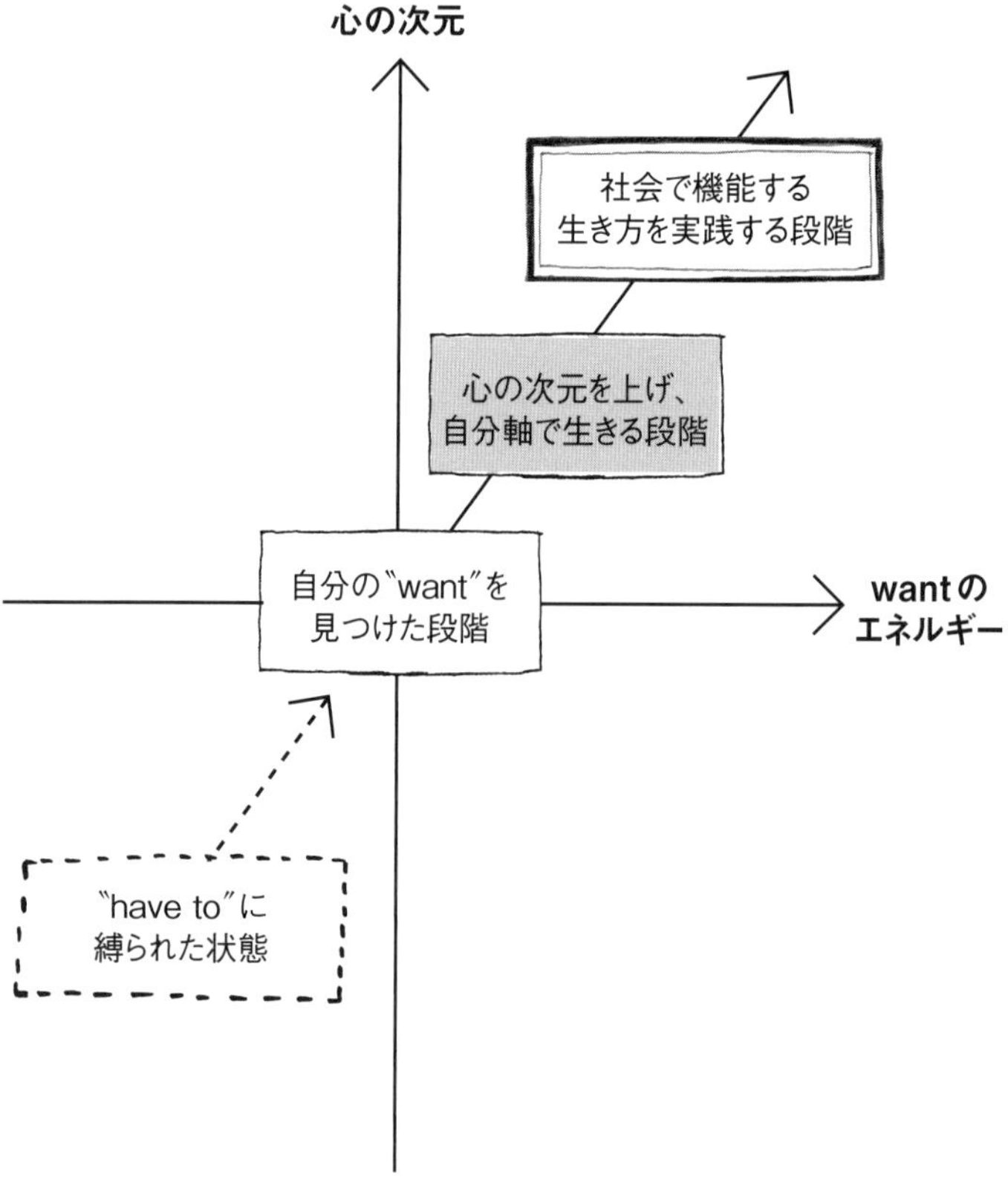

心の次元
社会で機能する
生き方を実践する段階
心の次元を上げ、
自分軸で生きる段階
自分の"want"を
見つけた段階
wantの
エネルギー
"have to"に
縛られた状態

43
「マイカメラ」で自分を客観的に観る。

こうした「心の次元」を上げるトレーニング法のひとつが、自分を斜め上から撮影するカメラがあると想像することです。これを私は「マイカメラ」と呼んでいます。

たとえば**何かに怒っているとき、「マイカメラ」を登場させ、怒りに震える表情や握りしめた拳を撮影しながら、心のスクリーンに映し出していく**のです。そこに映し出される自分を客観的に観ることで、「あっ、私もの凄く腹を立てているな」と気づくでしょう。映画のワンシーンを観るように、自分を心の目で眺めてみるのです。

慣れてくれば、意識しなくても頭の中で自動的に、カメラとスクリーンが動くようになります。そうすれば、湧き起こる感情の渦に巻き込まれることはなくなっていきます。

もうひとつのトレーニング法は、自分で自分を実況中継することです。こちらは「一

「一人実況中継」の例

人実況中継」と呼んでいます。

たとえばプロゴルファーのクライエントに対して私は、試合中、自分の気持ちの動きを心の中で実況中継しながら18ホールを回るようアドバイスします。

ゴルフはメンタルのスポーツと言われるくらい、プレイ中の心理状態が大きくスコアに影響します。ミスが重なるとどんな冷静なプロでも、つい頭に血がのぼった状態になるそうです。

そこで、ティーショットを外したら、「○○選手ピンチです。さて、ここでどんなリカバリーを見せてくれるんでしょう」と他人事《ひとごと》のように心の中でつぶやいてみます。バンカーに入れて動揺すれば「あっ、これは痛いミスショットです。○○選手らしくないですね。相当、悔しそうです」と一人で中継するのです。

こういうふうに自分の感情の動きを客観化していると、そのうち何だか感情の渦にのみ込まれてパニックになっている自分が微笑《ほほえ》ましくも可愛く思えてくるのです。

こうした方法を繰り返していけば、常に自分の置かれている状況を客観的に捉えることができます。そして、心が囚われていることが本当に深刻な問題なのか、解決策が何もないものなのか、他の見方をしたらどうなのか、といったことが冷静に判断できるようになります。それが、「心の次元」を上げるということなのです。

44

自分の人生を生きる。

アメリカの文化人類学者であるルース・ベネディクトが『菊と刀』で分析したように、欧米では行動の基準として、内面の良心を重視するのに対し（罪の文化）、日本は世間体《せけんてい》や外聞といった他人の視線を気にするといわれます（恥の文化）。

私の実感ではこの傾向は我が国において、今でも強く残っていると感じます。世の中の常識に合致しているかどうか、両親や友人、知人がどう評価するかによって、自分の判断が左右される人が少なくありません。

一方、どんな分野でも、人の真似できないような結果を出している人はよく「奇才」とか「変人」と呼ばれます。彼らには、自分が信じるものを貫き通す強さがあり、それが素晴らしい結果を生み出しているのです。

もし、あなたが本当に自分の囚われから解放されたいと思うのであれば、「限られた人生をどう生きたいのか」とまず自分の心に問いかけ、その答えを自ら見出すことです。私のメンタルトレーニングでも、クライエントがそういった意志決定をすることで、本人の内的変化が起こり、みるみる劇的な効果につながっていきます。

そのためには、自分が"have to"や過去にいかに囚われ、本当の"want"を無自覚に押し殺しているかに気づくことです。そして、「自分は変われる」と信じる勇気をあなた自身が持つことです。

普段から自分の思考や感情、発言を俯瞰《ふかん》し、「あ、今"have to"で考えてるな」「"want"に抵抗しているな」「周りを気にして言葉を選んでいるな」ということに気づいたら、一度、立ち止まってみましょう。そして、自分の本当の"want"に意識をフォーカスしてみましょう。

自分の"want"に素直になれたら、「じゃ、どうするのがいいのかな?」と考えるようになります。そのうち、「あっ、こうすればいいんだ」ということが自ずと分かってきます。

「どう生きるのか」を決めるのはあなたであり、誰に決められるものでもなく、自己決定すればいいのです。

chapter-5 夢のかなえ方

45

他者とビジョンを共有する。

いよいよ最終章です。

ここまで来れば、潜在意識のレベルにおいて、あなたはすでに変わり始めています。日常生活の中で、あなたの潜在意識の奥に眠っている"want"を探していることでしょう。"want"が見つかれば、あなたの「自己発電装置」が稼働し始めます。「心」を縛っている"have to"から解き放たれ、あとは在りたい未来の自己イメージへ向かって突き進むだけです。

ここからはさらに心の次元を引き上げ、高次のモチベーションへシフトしていきましょう。

本章では、"want"に基づく夢や目標を、現実の世界でより確実に、より高い次元で達成していくためのヒントについて触れていきます。

結論を先に言えば、**自分の"want"を他人の"want"と重ね合わせていく**ことです。

自分の中で"must"と"want"のバランスをとるのと同じように、外部との間においても、互いのビジョンの釣り合いをとっていくのです。

それは、他者と共有する新しいビジョンを設定することにほかなりません。お互いの"want"が重なり合うビジョンは、それぞれの自我を超えたより高い次元のものであり、そこにはより大きなパワーが生まれます。

私がメンタルに関わる仕事を始めたのも、自分の"want"とクライエントの"want"を重ね合わせ、お互いが共有できるビジョンを見つけていくことの素晴らしさを知ったからにほかなりません。

ある精神科医との雑誌での対談がきっかけでした。

「あなたには言葉のチカラがある。心理カウンセラーをやってみませんか」とのオファーをいただき、初めてクリニックを訪ねた日、私はその経験をしました。

私の初めてのクライエントは、東京大学に通う学生でした。彼女は恋人から受けたDV(ドメスティック・バイオレンス)のため重度の不眠症になり、完全に打ちひしがれていました。

私は、彼女の暗く沈んだ瞳を見たとき、「とにかく今夜、ぐっすり眠らせてあげたい。笑顔になって帰ってもらいたい」という強烈な"want"を感じました。

そして、彼女の心と向き合い、その奥に感じられた「自分らしく在りたい」という彼女の"want"に無我夢中で語りかけたのです。

「あなたのどこも、何も悪くないのよ……。あなたはあなたのままで十分に魅力的だし、あなたの価値は他人に決められるものではないのよ。自分の価値も、在り方も、生き方も、すべてあなたが決められるはず」

当時、現役の女優だった私は、カウンセリングの経験などありませんでした。でも、暗く沈んだ瞳を目の前にして、私は考えるより先に言葉をかけていました。

何ができるかなんて考えず、ただできることをしたかった。溺《おぼ》れている人を見て、とっさに水に飛び込んで腕を掴み、一緒に川岸まで泳ぐ感覚に近いのかもしれません。気づいたらそうしていたのです。

そのとき私を突き動かしていたのは、表現者としてステージに立っているときと同じく、自分のパフォーマンスで、相手にどれだけ深く感動を届けられるか、どれだけ相手の人生に関わることができるかという、プレイヤーとしてのミッションです。

頭で考えるのではない、論理を超えたチカラが、私の感性とパフォーマンスを最大限に高めてくれたのでしょう。少しずつ彼女の瞳に輝きが蘇り、帰る頃には泣き顔からまぶしい笑顔に戻っていました。

相手の人生に希望や勇気、肯定感といった、前向きの変化をもたらす手助けができたこと。自分の"want"のエネルギーが一人の人間の人生に機能したこと。それは、自分一人では味わうことのない別の次元の感動であり、言葉では言い表せないほどの豊かな喜びでした。

あのとき自分の"want"と相手の"want"が重なり合った手応えは、私のメンタルトレーナーとしての原点になっています。

そして、私は今も日々、クライエントの心に言葉を投げかけることによって、「自らを信じる勇気」を与えたいと思っています。

人が人にできる最大のサポートは、「あなたにはそのチカラがある。私はそれを信じている」というメッセージをその心に伝えることです。それが本人の中の潜在能力を引き上げていくのです。

46

相手を無条件で信じる。

相手の"want"と自分の"want"を重ね合わせていくには、あなたの主体的な"want"発信が欠かせません。

まず、自分の"want"として、相手の"want"や夢をともに願う。そうやって相手の思い描くビジョンに働きかければ、相手も共有し、反応し始めるはずです。そこから相手との新しい交わりが生まれるのです。

それには、相手を無条件で信じる勇気が、何より大切です。それこそが、瞬時に信頼を築き、奇跡的な成果を生みます。

それぞれ自我を持った人間同士、他人同士が、何か同じビジョンを共有するには、人を動かす大きな力、強く心を揺さぶる「感動力」のようなものが必要です。「何ができるか」という以前に、私たちは自らの勇気を問われているのです。

信頼とは、相手が信用できるかどうか根拠や条件を探すような受け身の態度ではなく、能動的に創りあげていくものです。相手を信じたいと思う気持ち、信じるというその勇気が不可欠です。

「信じてもらえるか、もらえないか」とか「相手を信じられるか、信じられないか」ではなく、相手を信じたいから信じるのです。試すのは相手ではなく自分なのです。何かしてあげたい、深いところで関わりたいと思う相手であれば、無条件で信じればいいのです。根拠なく、みじんも疑わない。だからこそ、そこで試されていくのは、相手ではなく、こちらの信じる勇気なのです。

たとえば、夫婦間の信頼もそうでしょう。

愛を失うことに不安を覚えたり、傷つくことを恐れるのは、心の防衛本能です。しかし、相手を疑ったり、条件付きで信じることでは、本当の意味での信頼関係を築くことはできません。信頼は深まるどころか、崩壊へと向かいます。

相手を試す愛は、「依存のスパイラル」から抜け出せません。試すのは相手の愛ではなく、自分の愛なのです。

47

組織とビジョンを合わせる。

"want"は、もともと個人的な欲求として生まれるものです。

それに対して、会社などでの仕事は一般に、自ら選んだ社会的な責任や義務としての"must"か、あるいは誰かに押し付けられた"have to"です。そのため、自分の"want"とは相反する関係になることも珍しくありません。

そして、多くの人は"must"や"have to"からまったく離脱して生きていくわけにはいきません。

Eさんは小さな会社で、契約社員として働く40代の女性です。仕事でいろいろストレスが重なり、メンタルトレーニングに来られました。

「会社を辞めたいけれど、生活のことを考えると簡単に辞めるわけにはいかない」。そんな迷いが募っていました。

彼女は「本音を言えば、適当に仕事して給料だけもらっていればいいと思っているんです。どうせ会社だってそんなに大したこと、私に求めていないんですから。私自身、仕事が楽しいなんて、感じたこともありません」と、きっぱりと言います。

私生活でもいろいろな事情があって離婚し、人生に対して否定的な捉え方をするようになっていたのです。

そこで私は、会社と家の往復の生活の中で、気分転換に演劇や展覧会などに出かけることを提案してみました。仕事の捉え方も変えるため、日頃会社でいろいろ不満に感じている点を挙げてもらって、それをEさんならどんなふうに改善するかをイメージしていきました。

そして日常生活の中でもイメージできるようになると、まもなく彼女の中に「理想の自分像」が創られていきました。無自覚に受け入れていた「どうせこんなもの」という自己イメージが、「こう在りたい」という自己イメージに塗り替わっていったのです。

Eさんは少しずつ能動的に仕事と関わり始め、自分が出したアイデアが採用されたり、自分なりの努力が具体的な形になって表れるようになりました。もっと自分の能力を生かしたいという"want"に気づき、仕事に前向きに取り組むようになりました。着るものや髪形もおしゃれになり、何よりよく笑うようになりました。

こうして彼女は、別人のように変貌を遂げたのです。ある日、社長から「あなたがいてくれると凄く助かるから、正社員にならない？」と声がかかりました。そう言われて嫌な人間はいません。こうして彼女は、その会社で正社員として働くようになりました。


組織に属し、"have to"や"must"に囲まれて生きている人も、自分の"want"と組織の目的を重ね合わせることができれば、自分の仕事に感じる手応えややりがいが増してくるはずです。そうなれば、あなたは、組織にとってなくてはならない存在となります。それに応じて、評価や待遇も必ずついてきます。

ところが実際には、組織の中で、年齢や男女を問わず、どこか実力を出し惜しみしながら働く人が多い傾向があります。

「ここでは自分を適正に評価してもらえないから、これぐらいにしておこう」「一生懸命やっても、上司の手柄になるだけだからやっても無駄だ」「自分のキャリアなんてこのくらいで十分」といったように、自分で自分の限界をつくっているのです。

大切なのは**あなたの"want"と会社のビジョンを能動的に重ね合わせていく**ことです。タイミングを待ったり、他の誰かに認めてもらおうとするのではなく、「自分がこの会社を動かすんだ」というくらいの思い込みで、周りから逸脱するくらい能動的に関わっていくのです。

それくらいの思いでやれば、必ず突き抜けて成果が出ます。本気の人間のエネルギーは人を動かし、組織を動かします。さらには、社会を動かすところにまで繋がっていくのです。

48

"want"に従って経営判断する。

Bさんはアパレル関係の会社を経営する50代の男性です。経験も実績も豊富な方ですが、人生でもう一度勝負がしたい、自分の内側の力を最大限に活用したいということで、メンタルトレーニングにいらっしゃいました。

リーマン・ショック以降、手頃な価格のファストファッションを除くと、アパレル業界は売り上げの落ち込みが続き、特に昨年は東日本大震災の影響もあって、生産を減らすところが多くなっていました。

1シーズン分の製品をつくる投資額はそれなりに大きく、本当に回収できるかどうか分からないとなると、経営トップとして判断に迷うところです。

トレーニングではBさんと、「このビジネスを通して何を体現していきたいのか」「守りに入るのか、チャレンジするのか」「商品を買ってもらいたいのか、売っていきたいのか」「このビジネスにかける思いとはいったい何なのか」について話をし、Bさんの根本的な潜在意識の願望とスタンスを明確にしていきました。

大震災のあと、経営的な数字だけ見ていれば、大きな投資をする決断は難しいでしょう。次のシーズン売れるかどうかという議論になると、もし売れなかったらどうしようという不安が生まれてきます。

しかし、事業の根本動機に戻って考えると、別の見方ができます。Bさんは、「これはいける」と思う自社の服を、より多くの人に着てもらいたいのです。

ユーザーが服をそれほど買わないとしても、その落ち込みは一時的でしょう。いずれまた、新しい流行を求めて市場は上向きになるはずです。そう考えると、業界全体として商品があまり製造されないことは、マーケット獲得のまたとないチャンスといえます。競合他社が参入しないときこそ、むしろ商品を多くつくったほうがいいという判断もできるはずです。

それに、Bさんの会社はもともと、高級な一点ものを扱っています。商品へのこだわりと美意識を今一度、社員一同で確認し、ブランドのストーリーとイメージをより明確に伝えるにも、今が絶好のチャンスだと考えられます。

もちろん、つくった商品は売り切らなければなりません。そのためには営業部門と連携を取り、既存の販売チャネルだけでなく、新しいルートの開拓に全力を上げる必要があります。

こうして話を一緒にしていくうち、Bさんは自然に、強気でいきたいという飛躍のイメージを固めていました。

多くの人は、社会が大きく揺らぐと、自らの判断を誰かに委ね始めます。しかし、社会が揺らいだとき、自分がそれと一緒に揺らいではいけません。自らの外側に焦点を合わせないことです。周りが揺らいだり変化したりするとき重要なのは、揺るがない自分の軸であり信念なのです。

経営者の方は特に、自分の"want"が会社のビジョンや経営戦略に直結しています。それだけ責任は大きく、決断も重くなりますが、自分の"want"に素直に従うことは、何よりプラスに作用します。

ビジネスを通して自分は何を伝えていきたいのか、何を成し遂げたいのか、リスクを冒してまで摑みたいものはいったい何なのか。自らの"want"を見失わず、どんな状況におかれたとしても、答えは自らの中から見出していくことです。そして、"want"の原動力で生み出される、無限のパワーを社会に還元していくのです。

企業がそうした能動的なエネルギーで社会と交わることで、世の中は動き始めるのではないでしょうか。

49

ありのままの自分で接する。

昨今、「何か人の役に立ちたい」という人々が、社会全体に増えているように感じます。社会的な課題を、行政とは別のビジネスの手法で解決していく、ソーシャル・ベンチャーと呼ばれる起業家たちが注目されているのも、そうした流れが関係しているのでしょう。

さらに今は、大地震と大津波、原子力事故という未曾有《みぞう》の災害の後、多くの人が困難を乗り越えようとしています。こういった状況において、人を助けることを通じて新たな"want"に気づくケースも増えています。

その一方、人を助けることの難しさに直面する人もいます。

私が東日本大震災の被災者の方々のメンタルケアで、ある避難所を訪問したときのことです。救援活動をされているスタッフのCさんに「何かお困りのことはありませんか？」と聞いたところ、「実は、避難所にやってきた被災者の方の要求に応えてあげられることが少なくて、NOと伝えるのが辛いんです……」と苦しそうな表情でおっしゃいました。

Cさんはさらに、「被災者の方が大変なときに、こんなことを相談している自分も情けない」と自分を責めるような言葉を口にするのです。

Cさんは、直接被災者の方と接する窓口係です。毎日「困っていることがあるんだ」「こんなことはしてもらえないか」と相談を受け、その度に県や国に問い合わせして掛け合っていました。

しかし、県や国も膨大な業務に忙殺され、なかなか動いてくれません。被災者の方たちの期待に沿うような答えを伝えられず、Cさん自身が疲弊しているようでした。

「被災者の行き場のない思いを、ただありのままに受け止めてあげてください。そして、それをそのまま国や県の担当者に伝えてあげてください。それが避難所の窓口としてのあなたの役割ですよ。たとえ答えがNOばかりだとしても、そこから逃げるのではなく、被災者の方に寄りそってあげてください」

私はそう伝えました。するとCさんは、

「そうですね、明日からそうしてみます。彼らが頑張ってるんだから、自分も頑張らなくっちゃって、ずっと自分を追いつめていた気がします。『何とかしなきゃいけない』という気持ちばかり空回りして、辛くなっていたんです」と、少しほっとしたようでした。

「本当に悔しいときには、ありのままの感情で、同じ立場に立って共感してあげたっていいんです。一緒になって怒ったり、目の前で一緒に泣いたっていい。けれど、被災者の人たちが本当に潜在意識で求めているのは、哀れみや悲しみではなく、希望なんです。『これからも自分たちは大丈夫、やっていけるんだ』と信じられる勇気なんです。それを、Cさんがまず絶対的に信じてあげてください。受け止める側の人間にとって何より必要なのは、無条件の勇気なんです」

「目の前の相手を信じる勇気……、そうですね。何もできない無力感の毎日で、辛い状況を受け止めきれず、どこかで僕は気づかぬうちに逃げ腰になっていたのかもしれません。平静を装って、逆に気を使ってしまっていたんだと思います。上手く対応してあげなくてはいけないと構えすぎてしまって、結局自分の心が苦しくなっていました。これからは、勇気を持って自分のありのままで向き合っていきたいと思います」

どんなときも、「何かしてあげたい」と思う気持ちがあればいいのです。助けてあげたいけど、何もしてあげられない、そのもどかしい気持ちが大事なのです。その心でもって、日々彼らに言葉をかけ、接してあげること。それが何よりのサポートなのですから。

50

優しくしたいから、優しくする。

人のために何かしたいという欲求はあるものの、それがいつしか無自覚の"have to"になってしまい、自分にストレスをかけてしまっていることもあります。

Gさんは二人姉妹の長女で、小さい頃から〝しっかり者〟の優等生でした。女子校ではいつもクラスのリーダー役、社会人になってからも職場では同年輩の女性たちのまとめ役として何かと周りに気を配っています。数年前からは、困っている人の力になりたいと、ボランティア活動に参加したりもしています。

ところが最近、何だか気持ちが落ち込み、家でも会社でも自分の居場所がないような感じがして仕方ありません。何とか心を元気にしたいということで、メンタルトレーニングにやってきました。

話をいろいろ聞いていくと、彼女は母親からも友人からも「優しい子」と言われ、人に気を使うことが優しさだと思い込んでいました。そのため、いつの間にか家にいても会社でも遊ぶときも、周りの反応ばかり気にして自分の居場所がなくなっていたのです。

優しくしたいという"want"が、彼女にとっていつしか"have to"にすり替わってしまい、優しくない自分は存在価値のない自分として、自己否定を始めていたのです。

Gさんの場合、優しくすることで、何を手に入れたかったのでしょうか。

それは母親の愛情でした。彼女は二人姉妹の長女で、3歳のときに妹が生まれてからは、しっかり者の姉として振る舞ってきました。妹のように自分も母親に甘えたかったのですが、母親に愛してほしかったから「優しい姉」を演じるようになったのです。そしていつしか、その「優しい姉」という自己イメージを信じ込み、職場でも友人といても無意識に「優しい姉」を続けていたのです。

Gさんの「人に優しくしたい」という気持ちの裏には、「そうしなければ欲しいものが手に入らない」という発想があります。それは条件つきの"want"であり、結局のところ"have to"なのです。"have to"発信の行動では潜在意識の抵抗が生まれ、心のエネルギーが削がれ、辛くなってしまいます。

いったいGさんは優しくしないことで何を失うのでしょう。GさんがGさんであることは何も変わりません。「優しくなければ自分は愛されない」という思い込みが、Gさんを苦しめていたのです。

そのことに気づいてから、Gさんの精神的な自立が始まりました。

「私、先生と話していて気づいたんです。ずっと人には優しくしなければいけないと思っていたんですが、そのことで『自分ばっかり損している』って思うようになって、今度は見返りを求め、出し惜しみして、でもそんな自分が嫌で、どんどん苦しくなってきてました。でも、震災の報道を見ていて被災者の方たちに何かしてあげたいって心から思えたんです。そのとき何だか、エネルギーが湧いてきたんです。『そうか。私は人を助けるのが好きなんだ。これが私の"want"なんだ』って。『助けたいから、助けるんだ。優しくしたいから、人に優しくするんだ。したくないなら、しなくていい。誰にも強制されてなんていないんだ』って分かったんです」

彼女は今、凄く自然な思いと新たな気持ちでボランティアとして、被災者の方々と向き合っています。

人生とはまさに、物理的、経済的な面だけでなく、目に見えない心、精神的な面においても、本当にお互いが支え合って初めて上手くいくものなのだと思います。

他人に優しくするということについても、優しくできる対象、その優しさを受け止めてくれる相手がいるから、心の交流が生まれ、互いの存在価値が高まり合うのだと思います。

「優しくしてくれて、ありがとう」

「優しさを受け止めてくれて、ありがとう」

支え合う関係から自分の"want"が見えてくるというのも、心の法則なのです。

51 逆境を楽しむ。

真の"want"に根差した夢や目標に向かって、生き生きと挑戦していても、ときには思うように結果を出せないことがあるでしょう。

しかし、良くないときの自分も、悪いときの自分も見捨てず、きちんと向き合うことであなたの人生は彩りを増します。

挫折や喪失そのものに意味があるわけではありません。そうした逆境にどう反応するのか、そこで何を見出すのかが重要なのです。逆境から這《は》い上がった経験をどう捉えるかで、あなたの未来は変わります。

その最たる例が、オーストリアの精神科医で心理学者であったヴィクトール・フランクルです。フランクルは第二次世界大戦中、ナチスによってアウシュヴィッツの強制収容所に送られ、そのときの筆舌に尽くしがたい体験をもとに『夜と霧』を著しました。

収容者が次々とガス室で殺され、あるいは飢えと寒さで亡くなっていく極限状況でフランクルは、人が生きる意味を考えます。

そして、「わたしたちが生きることから何を期待するかではなく、むしろひたすら、生きることがわたしたちから何を期待しているかが問題なのだ」という言葉で、生きる意味についての問いを180度方向転換させます。

人生にはいろいろな試練が待ち構えていて、ときには何も楽しみを見出せなかったり、体の自由がきかなくなることだってあります。でも、そうした状況をどう受け止めるかという自由はまだ残されています。運命をどう受け止めるかによって、人生の意味や人間としての価値が決まってくるのです。

身にふりかかった出来事について意味を探すのではなく、追い込まれた逆境をどう受け止め、失敗に何を見出すのか、挫折から何を生み出せるのか、それによって人生は豊かにもなり、貧しくもなるのです。

成功者かどうかということも外からの評価に過ぎません。自分の夢や目標が、人生を懸けるに値するものであるかどうかが重要です。だからこそ到達できたときの喜びは、とてつもなく大きなものとなるのです。

前述の金融マン、Kさんのように、ずっとエリート街道を歩いて挫折を味わったことのない人生のほうが、外から見ただけでは順風満帆のようでいて、本人からすると空虚だったり、意外にも喪失感を抱えていたりすることだってあるのです。

誰かの価値基準でつくられた成功に意味があるのではなく、本当にあなたにとって価値のあるものであるかどうかが問題なのです。

人生をどのように捉えるかで、その人の人生は変わります。自分の"want"に根差した夢や目標なら、一度や二度の失敗くらいで、それまでの努力を捨てることはありません。

発明王と呼ばれたエジソンは、膨大な数の実験を行って何度失敗しても、「実験の成果はあった。これまでのやり方ではダメなことが分かったのだから」との名言を残しました。

99回上手くいかなかったとしても、その積み重ねがあればこそ、100回目の挑戦が生きるのです。

ゴルフのツアープロは、1年を通して開催される数十試合のトーナメントにおいて賞金獲得額を競います。

それぞれのトーナメントは、3日ないし4日間のトータルの成績で順位が決まります。トーナメントは前半に2日程度予選があり、予め決められた上位に入らなければ後半の決勝ラウンドに進めません。毎日18ホールを回り、1ホールは一打一打の積み重ねです。各ホールのスコアを上手くまとめられた選手が決勝に進み、優勝を狙います。そうやってトーナメントを転戦し、好成績を積み重ねることで、賞金王が見えてくるのです。

しかし、ゴルフはミスを仕掛けてくるスポーツです。コースには池やバンカーといった罠が設けられ、失敗したときの心理を意図的についてきます。試合中、ミスをしない人はいません。いかにそのミスをリカバリーし、次のチャンスにつなげるか。メンタルがマイナスに引き込まれそうになるところで楽しむくらいに攻めていく姿勢で臨まなければ、決して良いスコアにはなりません。

ミスを仕掛けてくるのは、人生も同じです。誰しも失敗を犯したり、逆境に陥ります。でも、失敗や逆境から目を背けず、そのことに向き合うことで、人生のどんな場面からも必ず光を見出せるはずです。

人生はトータルで評価するものであり、結果を残せる人間は、ミスの生かし方を知っています。ひとつの成功、ひとつの失敗に一喜一憂せず、全体としてどうまとめあげられるかなのです。

失敗や逆境における心の在り方が、あなたを大きくしてくれます。失敗こそチャンスであり、逆境こそ人生を豊かなものにしてくれるはずです。

52

クリエイティブに生きる。

メンタルトレーニングを突き詰めると、最後はあなたの生き方にたどりつきます。根本はあなた自身の在り方であり、生きる姿勢です。

大切なあなたの人生の主導権を他の誰かに委ねたりせず、自らしっかり握りましょう。自分の本当の"want"を見出し、何物にも囚われず自らの意志で行動すれば、あなたの潜在意識の自己発電装置が作動します。リスクについても恐れることなく、自分の選択と決断で引き受けていけばよいのです。

そうすると、自然に未来が創り出され、在りたい自分に近づいていけるのです。

それはひとえに「心の構え」がもたらすものであり、決して過去の実績や能力などの違いによるものではありません。

未来にやり遂げたい何かが強烈にある人は、根拠なくビジョンが明確に描けており、もうすでにその目標に値する人間なのです。

Sさんは静岡で携帯電話の販売会社に勤める30代前半の男性です。以前はブティックで販売員をしていましたが、自分の新しい可能性に挑戦したいと2年ほど前に転職しました。

最初は小さい店の店長でしたが、昨年、街の中心部にある大規模店の店長に抜擢《ばってき》されました。部下は大幅に増え、販売目標も上がったことで、責任とプレッシャーが重くのしかかっていました。

思うように成果が出せない自分に、Sさんはすっかり自信を失っていました。メンタルトレーニングを始めた当初のSさんは、転職を考えるほどに仕事へのモチベーションをすっかり失った状態でした。

彼は地方在住者なので、初日から一度もお会いすることなく、電話でメンタルトレーニングを行っていきました。通常はメンタルルームで直接お会いして行いますが、メンタルトレーニング自体、目に見えない心へアプローチするもので、物理的に目の前に相手がいなかったとしても、効果に違いはありません。フォーカスするのは目に見えない心だからです。

Sさんと話をしてすぐ気がついたのは、売り上げの数字がプレッシャーになって、本来の接客がおろそかになっていること。目先の売り上げを追い求める近視眼的な発想で、パフォーマンスやモチベーションがダウンしていました。まさに"have to"に囚われ"want"がどこかへ消えてしまっていたのです。

そんなSさんのこれまでの成功体験を聞いていく中で、前職のブティック販売では、それぞれのお客様に合ったコーディネートや着こなしをアドバイスすることで、大変な人気を集めていたことが分かりました。

彼は自分のお客様のライフシーンに合わせ、どうしたらもっと素敵になるのか一緒に考え、その感動や喜びを共有するのが何より楽しみだったのです。まさに自分の"want"と相手の"want"を重ね合わせた、クリエイティブな仕事の仕方です。当然、固定客は増え、売り上げはいつも群をぬいていました。

そのやり方は、今の職場に置きかえることができるはずです。

「Sさんは、携帯電話を売りたいのではなく、何よりお客様に喜んでもらい、同じように自分も喜びたいのでは？」

「あっ、そうですね。僕にとってそれは何よりのやりがいです」

「Sさんの勧める携帯を使うことで、そのお客様の毎日がどんなふうに楽しくなるか考えたらいいのでは？」

「そうですよね。よし、なんだかワクワクしてきました」

こうして、Sさんのパフォーマンスは大きく変わりました。たんに相手のニーズを聞いて提案するということではありません。相手の"want"をイメージすることが何より、Sさんの"want"であるということ。そのビジョン共有により、相手に喜んでもらって自分も楽しくなる「快」の感情記憶が積み重なっていくこと。それを何度でも味わいたいという"want"がしっかり意識できるようになったのです。

こうなると、今すぐ売れるか売れないかは、それほど問題ではなくなります。その場で契約に至らなくても、何カ月かして、また戻ってきてくれるお客様も増えました。彼は店長として素晴らしい営業成績を上げられるようになり、本社の社長から賞をもらうほどに実力をつけていきました。

Sさんの何が変わったのでしょうか。

彼の心の中で"want"が明確になったことで、イマジネーションが無から有を生み、発想を形にしていくクリエイティブの力が引き出されたのです。そのことによって、仕事自体がどんどんクリエイティブになっていったのです。

多くの人は、「私の仕事はクリエイティブとは無関係」「自分にはそんな才能はない」と感じています。

あなたもこれまで心のどこかで、そう感じていませんでしたか。そうやって、自分の仕事や自分の人生の中にある可能性を封印してきたのです。

どんな仕事も、どんな人生も、捉え方によってクリエイティブになります。その結果、周りの人たちに感動を与えることができ、何より自分の人生そのものに感動が生まれるのです。

53

自分の信念や美学を持つ。

人間が物理的な生き物である以上、どうにもならない出来事が現実世界では次々起こります。私たちが自我に囚われ、過去に囚われ、未来に怯《おび》えて無力感を感じるのは、そうした出来事やその記憶によって、心の次元が下がってしまうからです。

でも、心はもっと自由です。あなたの潜在意識には、無限の力が秘められています。イマジネーションの力によって、どんな未来だってクリエイトできます。心の次元を引き上げ、「在りたい自分」をイメージしましょう。

「在りたい自分」へ向かって"want"で突き進むと、潜在意識が動き始め、エネルギーが内側から湧いて出てきます。

人間はまた、一人では生きられません。耐えがたいほど孤独な生き物です。

だからこそ、自分の"want"を他人の"want"や会社などのビジョンと重ね合わせましょう。そうすることができれば、仕事でもプライベートでもすべての行動がクリエイティブになります。

こうした心構えと行動を繰り返していると、いつしかそこに「信念」が生まれます。それは人生に対するあなたの「美学」と呼べるものです。

確かな信念や美学がある人は、どんな状況下でも、自分の人生を肯定的に捉えることができ、常に未来に働きかけようとします。自らの手で未来を創っていくのです。

人生の岐路に立ったときも、迷いや後悔のない選択をすることができます。挑戦する中で困難や挫折があっても、そこから再びスタートを切ることができます。周囲に振り回されることなく自分軸で生き、しかも周囲とwin-winの関係を自ら能動的に創り出すことができます。

「今自分にはそんな信念や美学は何もない」と悲観する必要はありません。ここでいう信念や美学は、決して難しい哲学や高尚な理念である必要はありません。自分の心根に響く、本物の言葉であればそれで十分です。

自分の信念や美学は、今ここから創ることができます。それが「素敵な勘違い」の才能です。

誰もが自分の人生から、「どう生きるのか」を問われています。その問いに答えようとすることで、信念や美学は生み出されるのです。

どうかあなたの人生を、自らの無限の力で輝かせていってください。

おわりに

日本は戦後、半世紀以上にわたって平和を謳歌《おうか》し、高度経済成長により物質的にも大変豊かになりました。そんな中で、「みんなこうしているから」「親が言うから」「上の人が指示するから」といった他人任せで行動しても、何の問題もなく平穏無事に過ごしてこられました。

昨年3月11日の東日本大震災とその後の原発事故により、日本全体を言い知れぬ不安が覆っています。海外に目を向ければ、リーマン・ショックをきっかけにした世界的な経済不況、最近ではヨーロッパの財政危機などかつて経験したことのないような出来事が次々に起こっています。

その結果、これまで当たり前と思ってきた基準や常識が崩れ、この先どうなるのか、何を信じたらいいのか、多くの人が迷い、揺れ動いています。

今求められているのは、自分はどう生きるかという「心の在り方」だと私は考えています。私たち一人ひとりが、自らの心と向き合うことでその無限の力に気づき、この社会を構成する原子や分子として自らを機能させていくのです。それこそが「人間力」ということにほかなりません。

メンタルトレーニングは、心の成長を待っているのではなく、積極的に自分を磨き鍛え、こうした「人間力」を創っていくためのプロセスです。

あなたの中に眠っている「人間力」を目覚めさせ、大きく伸ばし、社会の中で思う存分に機能させせましょう。

自分の"want"を理解し、自分を社会に生かしていくのです。

あなたには無限の可能性があります。あなたは、自分が思う以上にもっともっと凄いことができるチカラをすでに持っています。

あなたの「心の在り方」が変われば周囲の人の「心の在り方」も変わります。そして、組織の在り方が変わり、やがて社会の在り方が変わっていきます。

最後にもう一度お伝えします。あなたはもっと凄いのです。あなたの価値は誰かが決めるものではなく、あなた自身で決めていくものです。

「素敵な勘違い」で思いのままの人生をあなたの手で摑み取ってください。


人生に感動を……。

あなたの活躍を心から願っています。

久瑠あさ美

著者紹介

久瑠あさ美　Asami Kuru

東京・渋谷のカウンセリングルーム「ff Mental Room」代表。日本芸術療法学会会員。日本産業カウンセリング学会会員。心療内科で心理カウンセラーとして勤務後、メンタルトレーナーとして活動を開始。元福岡ソフトバンクホークス（現シアトル・マリナーズ）の川﨑宗則選手、女子プロゴルファーの金田久美子選手などのトップアスリートの才能を開花させ、注目を浴びる。現在はアスリートのほか、アーティスト、企業経営者、個人向けのメンタルトレーニングも行っている。雑誌、テレビ、ラジオなどのメディアにも多数出演。

著書に『一流の勝負力』（宝島社）がある。

ff Mental Room HP	http://ffmental.net/
久瑠あさ美のメンタル・ブログ	http://blog.livedoor.jp/kuruasami/
久瑠あさ美ツイッター	http://twitter.com/kuruasami

人生は、「本当にやりたいこと」だけやれば、必ずうまくいく

2012年2月14日　第1刷発行

著　者　　久瑠あさ美
発行者　　見城 徹
発行所　　株式会社 幻冬舎
〒151-0051　東京都渋谷区千駄ヶ谷4-9-7
電話 03-5411-6211（編集）
電話 03-5411-6222（営業）
印刷・製本所　図書印刷株式会社

検印廃止

ISBN 978-4-344-02129-7　C0095
幻冬舎ホームページアドレス　http://www.gentosha.co.jp/

この本に関するご意見・ご感想をメールでお寄せいただく場合は、
comment@gentosha.co.jp まで。